나, 오늘 읽기 뭐써!

나, 오늘 일기 뭐 써!

글 정설아 | 그림 마정원

파란정원

"학교, 학원, 집…… 학교, 학원, 집……. 날마다 똑같은데 어떻게 다른 일기를 쓰라는 거야?"

어렸을 적, 일기 쓸 시간만 되면 책상 앞에 앉아 입술을 빼죽대며 투덜거렸어요. 일기는 특별한 일이 생겼을 때에만 쓸 수 있다고 생각했거든요. 그런데 매일 일기를 쓰라고 하는 선생님 때문에 고민이 될 수밖에요. 고민 끝에 생각해 낸 방법은 다른 반 친구의 일기를 베껴 쓰는 거였어요. 가보지도 못한 곳에 대한 이야기를 쓰기도 하고 모르는 사람에 대한 이야기도 늘어놓게 되었지요.

그러다 보니 일기는 편하게 쓸 수 있었지만 점점 '나의 일기'가 아닌 '친구의 일기'가 되어 갔어요. 사실 친구의 일기도 특별한 이야기가 아닌 하루 일과에 대한 소소한 이야기만 적혀있을 뿐이었거든요.

그래서 조금씩 나의 이야기를 써보기 시작했어요. 정 쓸 이야기
가 없으면 내가 본 책에서 좋은 글귀를 가져다 적기도 했지요.
하루를 돌아보며 다음 날에는 무엇을 해야겠다는 계획을 세
우기도 했고요. 그렇게 하루하루 꾸준히, 열심히 쓰다보니
어느새 서점에서 보는 책처럼 나만의 이야기책이 완
성되었어요.
일기쓰기는 거창한 이야기를 쓰는 게 아니에요.
내가 경험했던 일을 중심으로 나의 이야기를 쓰
는 것이니까요. 바로 여러분
이 작가가 되는 것이랍니다!

글쓴이 정 설 아

● **차 례** ●

1. 일기, 왜 이런 걸 써야 하는 거죠?

일기란, '나'라는 주인공이 일상에서 체험하는 경험, 생각, 감상 등을 적어놓은 자신의 기록이에요. 보통은 하루 단위로, 대부분 잠자리에 들기 전 오늘 있었던 일들을 회상하며 느낀 점이나 배운 점 등을 씁니다.

이렇게 매일 일기를 쓰다보면 하루 하루 일기가 쌓여 한 달이 되고, 한 달이 모여 1년이 되고, 1년이 모여 10년이 될 수 있습니다. 그리고 그 속에 담긴 이야기들은 '나'라는 주인공의 자서전이 되는 것입니다. 10년 후 오늘 일기를 본다면 기분이 어떨까요? 생각만으로도 입가에 미소가 지어지지 않나요.

나만의 자서전이 생긴다는 것만으로도 행복한 일이지요. 그런데 여기에 꾸준한 일기쓰기에서 자신도 모르게 '글짓기 실력'까지 쑥쑥 자란다면 "왜 이런 걸 써야하는 거죠?"라는 질문은 하지 않겠지요.

2. 일기에도 꼭 갖추어야 할 것들이 있어요!

일기는 누군가를 보여주기 위해 쓰는 것이 아니라 '나의 이야기'를 쓰는 공간이에요. 그래서 '이렇게 써야 한다!' 라는 규칙은 정해져 있지 않아요. 하지만 꼭 갖추어야 할 것은 있습니다. 바로 날짜와 날씨랍니다.

만약 날짜를 적지 않았다고 생각해 보세요. 일기는 썼는데 날짜가 없다면 나중에 그 일기를 읽으며, 한 달전에 쓴 것인지 아니면 1년 전에 쓴 것인지 기억하기란 쉽지 않을 것입니다. 정확한 연월일, 요일을 적고, 재미있는 표현의 날씨까지 적어준다면 그날의 기억은 더욱 생동감 넘치게 살아날 것입니다.

❶ **날짜**는 20○○년 ○○월 ○○일 ○요일로 정확하게 적습니다.

❷ **날씨**는 눈, 비, 해처럼 단순하게 적지 말고, '우산이 필요해요', '손이 꽁꽁꽁!!' 처럼 재미있게 표현해 보세요.

❸ **제목**은 내용을 보지 않고도 어떤 이야기인지 알 수 있도록 표현합니다. '캐도 캐도 잘 나오는 고구마', '이 빤 날', '아빠와 몸장난', '아빠는 권투선수'

매일매일 '별일'이 있는 친구들이 있을까요?

'별일'은 우리가 만드는 것입니다. '별일을 만든다.'는 무슨 뜻일까요? 그건 평소에 관찰하고 생각하는 힘을 기르는 것이 중요하다는 뜻입니다. 어떤 일을 할 때도 소극적으로 하지 말고, 적극적으로 참여해 많이 생각하려고 하면 하루하루가 '별일'로 가득 찰 수 있다는 것입니다.

그럼 다른 친구들이 만든 별일은 어떤 것이 있는지 한번 살펴볼까요.

3. 오늘 별일 없었는데……. 뭘 쓰죠?

'책 읽어주기', '마트소풍', '하루 종일 잠옷입고 뒹굴다', '맛있는 밥', '동생의 발', '친구들과 잡기놀이' 이것은 친구들의 일기 제목입니다. 어떤가요? 친구들이 말하는 '별일'이 다른 친구들에게 있었나요? 아닙니다. '별일'이란 내가 "이건 오늘 내 '별일'이었어."라고 특별한 의미를 부여해 주는 것이 별일이 되는 것입니다.

4. 일기를 좀더 재미있게 쓰고 싶어요!

예전에 어떤 선생님께서 일기쓰기를 엄마들이 하는 반찬 걱정과 비교하신 적이 있어요. '오늘은 뭘 먹지? 이건 어제 먹은 거고, 이건 아침에도 먹었는데…….'라는 엄마들의 반찬 걱정요. 만약 매일매일 엄마가 같은 반찬만 해주신다면 어떨까요. 매일 같은 반찬과 밥을 먹는 건 너무 힘들 것 같지 않나요. 이처럼 일기도 매일 같은 형식으로 쓰면 금세 지루해지고 재미없어져요.

어떤 날은 만화로 그려보기도 하고, 또 어떤 날은 동시를 쓰거나 그림일기를 써보는 것도 좋아요. 다양한 형식으로 하루하루 일기쓰기를 한다면 나의 자서전이 더 재미있고 맛있어 지겠지요. 여기에 정확한 문장부호를 사용한다면 표현하고자 하는 느낌이 더욱 잘 표현될 것입니다.

[.] **온점** 문장이 끝날 때
[,] **쉼표** 부르거나 대답을 할 때
[?] **물음표** 물어보는 문장이 끝날 때
[!] **느낌표** 느낌이나 감탄을 표현할 때
[" "] **큰따옴표** 나 또는 다른 사람이 하는 말을 그대로 쓸 때
[' '] **작은따옴표** 속으로 생각한 것을 쓰거나 강조하고 싶을 때

"왜 이런 걸 써야 해?"

준수는 연필을 책상에 탁탁 두드리며 투덜거렸어요. 그러다 괜히 인형을 가지고 놀고 있는 동생 준희의 엉덩이를 쿡쿡 찔렀지요.

"하지 마, 오빠!"

하지만 준수는 계속 발가락으로 준희의 엉덩이를 건드렸어요. 준희가 저만치 떨어지자 준수는 공책을 돌돌 말아 준희의 머리를 팡팡치고 도망갔지요. 준희의 얼굴이 일그러지더니 '으앙' 울음을 터뜨렸어요. 부엌에 있던 엄마가 다가와 준희를 번쩍 안아들더니 조용히 준수를 방으로 밀어 넣었어요.

"일기 다 쓸 때까지 방에서 나오지 마."

엄마가 문을 닫고 나가자 준수는 한숨을

폭 내쉬었지요.

준수는 의자에 앉았지만 아무 것도 떠오르지 않았어요. 일기장 끄트머리만 꾸깃꾸깃 구겼지요. 그러다 결국 일기장 위에 연필을 탁 내려놓았어요.

"왜 일기쓰기가 방학숙제인 거야? 쓸 게 없는데 대체 뭘 쓰라고?"

준수는 일기장을 벽으로 휙 던지고는 발라당 누웠어요. 그때, 갑자기 누군가 소리쳤어요.

"아구구구!"

깜짝 놀란 준수가 몸을 일으켰어요. 도리반도리반, 고개를 돌려보니 일기장 속에서 꾸물꾸물 풍선처럼 하얀 것이 움직거렸어요. 그러더니 일기장 밖으로 툭 튀어나왔지요. 마치 하얀 달걀에 긴 팔이 양쪽으로 붙어있는 것 같은 모습이었어요.

"유, 유령이다!"

"유령이라니! 난 일기장의 요정, 지니라고."

"일기장의 요정, 지니?"

"그래! 나는 일기장 안에 살고 있어. 근데 네가 자꾸 나를 괴롭히는 통에 나오지 않을 수가 있어야지!"

"일기장에 산다고? 네가?"

"그래. 난 네가 쓴 이야기를 먹으면서 산단 말이야. 대체 뭣 때문에 날 이렇게 괴롭히니?"

"그거야, 일기 쓰기가 싫으니까."

"일기가 쓰기 싫다고? 어째서?"

"그거야, 재미있는 일도 없고, 매일이 똑같은 하루인데 쓸 것도 없고, 왜 써야 하는지 또 어떻게 써야하는지도 모르겠으니까."

이야기를 듣던 지니가 말했지요.

"가장 쉽게, 오늘 있었던 일을 쓰면 되잖아. 방금 너랑 동생 사이에 있었던 일 같은 거."

준수는 고개를 갸웃거렸어요.

"에이, 그렇게 시시한 일을 어떻게 일기로 쓰냐? 일기는 특별한 일을 쓰는 거잖아."

"써도 돼. 생활일기는 바로 그런 걸 쓰는 거니까!"

 가 쓰는 생활일기★*

7월 19일 월요일   날씨 비가 쫙쫙

제목 준희를 괴롭히다

저녁밥을 먹고 텔레비전을 보는데 엄마가 일기를 쓰랬다.

난 일기 쓰기가 싫었다. 일기 안 써도 되는 준희가 부러웠다.

준희는 인형을 가지고 놀고 있었다. 나는 괜히 미운 생각이 들어

발가락으로 준희 엉덩이를 꼬집었다.

준희가 울어서 엄마는 화가 났다.

사실 준희가 우는 걸 보니 조금 미안한 마음도 들었다.

준희는 나보다 세 살이나 어리다.

앞으로는 괜히 준희를 괴롭히지 말고 잘 놀아줘야겠다.

생활일기란 그날 있었던 일들 가운데 가장 기억에 남는 일을 쓰는 일기입니다. 오늘 하루 동안 내가 무엇을 했는지, 잘한 일은 무엇이고 잘못한 일은 무엇인지 오늘 하루를 되돌아보며 반성해 볼 수 있는 일기랍니다.

생활일기의 소재★

내가 있었던 장소 를 먼저 떠올리면 다양한 일기쓰기가 쉬워진답니다.

❶ **집**에서 아빠나 엄마에게 야단을 맞은 일이나 칭찬 받았던 일, 형제자매와 무엇을 하고 놀았는지 또 그때의 내 기분은 어땠는지 적습니다.

❷ **학교**에서 방학식을 했다면 선생님이 어떤 말씀을 하셨는지, 친구들과 헤어질 때의 기분은 어땠는지, 앞으로 방학 동안 어떤 일을 할 것인지 등을 적습니다.

❸ **놀이터**에서 친구들과 한 놀이방법이나 놀이를 하면서 재미있었던 부분을 나의 느낌과 함께 적습니다.

❹ **학원**에서 공부를 하며 특별히 흥미로웠던 부분이나 선생님의 말씀 중 재미있거나 기억에 남는 말들을 적습니다.

7월 19일 월요일   날씨 하늘에 구멍 났나? 비 엄청!

제목 방학식을 하다

방학식 날! 난 아침부터 기분이 엄청 좋았다.

방학을 하면 아침 일찍 일어나지 않아도 되고,

허둥지둥 학교에 가지 않아도 되니까 말이다.

방학식을 하는 동안 나는 친구들과 좋알대며 떠들었다.

평소에는 호랑이 같던 선생님도 오늘은 별 말씀이 없으셨다.

선생님께서는 방학 동안 건강하게 지내고 오라고 하셨다.

선생님을 한 달 동안 못 본다고 생각하니 갑자기 아쉬운 마음이 들었다.

'개학하면 선생님 말씀을 더 잘 들어야지!'

11월 16일 월요일   날씨 좀 추운날

제목 아빠와 몸장난

아빠와 동생이랑 몸장난을 했다.

처음에는 재미있었다. 그런데 아빠와 동생이 나를 깔고 앉아서 울었다.

아빠가 간지럼을 태워 다시 웃었다. 아빠한테 먼저 올라탔다.

엄마도 어렸을 때 해 보았는데, 아빠를 일으키기보다 눕혀 놓고 올라앉아

몸을 뭉개고 노는 것이 더 재미있다고 하셔서 해 보았다. 너무 재미있었다.

4월 11일 일요일   날씨 조금씩 꽃이 활짝활짝! 꽃이 예뻐요!

제목 마트 소풍

아빠가 놀러가자고 하셨다. 그런데 아빠는 마트로 우리를 데리고 가셨다.

아빠는 놀러가는 데가 마트인가보다. 집으로 오는 길에 농장화초를 실은

트럭을 보았다. 엄마는 신이 나서 화초를 3개나 사오셨다.

꽃 보러 가고 싶었는데 마트로 소풍이라니 너무나 웃겼다.

아빠가 오늘은 너무 피곤하시다며 다음엔 꼭 꽃보러 가자고 하셨다.

다음 날 아침, 준수는 늦잠을 잤어요.

"9시 넘었어. 방학이라고 잠만 잘 거니?"

엄마의 목소리에 그제야 준수는 발딱 일어났어요. 그리고 일기장을 열어봤지요. 어제 일기장에서 나타났던 지니가 떠올랐거든요. 하지만 지니는 보이지 않았어요.

"꿈이었나?"

준수는 하품을 하며 느릿느릿 부엌으로 갔어요. 엄마가 밥을 퍼주며 말했지요.

"방학 했다고 놀지만 말고 숙제도 하고 책도 좀 읽고……."

"네, 이따가 할게요."

일어난 지 얼마 되지 않은 준수는 밥알들이 자꾸 목에서 턱턱 막히는 것 같아 잘 넘어가지 않았어요.

아침밥을 다 먹은 준수는 텔레비전 리모컨을 집어 들었어요. 그리고는 엎드려서 텔레비전을 보기 시작했어요. 텔레비전이 지겨워지자 컴퓨터 게임도 했지요. 준희가 자꾸만 끼어들어서 귀찮았지만 그래도 재미있었어요.

점심을 먹은 후에도 준수는 계속 게임을 했어요. 그때 엄마가 준수에게 다가와 준수의 얼굴을 보며 말했어요.

"준수 너, 아직까지 세수도 안 했어?"

준수는 뜨끔했어요.

"조금만 이따가 할 거예요."

"이 녀석이! 또 이따가야?"

준수는 엄마에게 혼쭐이 나서 방으로 들어왔어요.

"뭐 얼마나 놀았다고 엄마는 화를 내시는 거야?"

하지만 시계는 벌써 오후 5시를 가리키고 있었지요.

"엇! 시간이 이렇게나 많이 흘렀네!"

준수는 그제야 세수를 하고 학습지를 꺼냈어요. 수학 문제를 하나 풀려는데 자꾸만 졸음이 왔어요. 준수는 꾸벅꾸벅 졸다가 책상 위에 엎드려 잠이 들고 말았지요.

한참 후, 준수는 누군가가 어깨를 흔들어 잠에서 깨어났어요.
고개를 들자 어제 보았던 지니가 준수 앞에 있었지요.
"앗, 너로구나! 꿈이 아니었네?"
그러자 지니가 말했어요.

"내가 어제 그랬지? 이야기를 먹고 산다고. 근데 왜 오늘은 일기를 안 쓰는 거야?"

"맞다, 일기! 쓰면 되지!"

준수는 웃으며 일기장을 펼쳤어요. 그러다가 학습지를 풀고 있었다는 게 떠올랐지요.

"학습지 다 하고 써야겠어. 안 그러면 학원선생님한테 혼나."

"그게 언제 끝나는데?"

"그러니까 음⋯⋯. 그런데 이거 하고 또 영어 학습지도 해야 하는데⋯⋯."

준수가 허겁지겁 영어 학습지까지 꺼내자 지니가 툴툴댔어요.

"이러다가 밤 12시가 넘어서까지 하겠다! 대체 낮엔 뭘 한거니?"

"텔레비전 보다가 게임도 하다가 또 텔레비전 보다가⋯⋯."

준수는 굉장히 창피했어요. 준수의 마음을 알았는지 지니가 일기장을 펼쳐주며 말했지요.

"오늘은 그림일기를 써봐야겠다. 그림일기 중에서도 아주 중요한 그림일기 말이야!"

7월 21일 수요일 　 날씨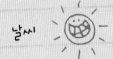

제목 생활 계획표를 만들다

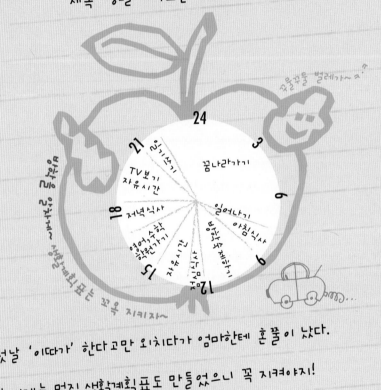

방학 첫날 '이따가' 한다고만 외치다가 엄마한테 혼꾼이 났다.

하지만 이제는 멋진 생활계획표도 만들었으니 꼭 지켜야지!

토요일, 일요일, 내 생일, 빨간 날만 빼고!

그림일기 란 글과 그림을 함께 쓰는 일기입니다. 그림 책처럼 그림을 그리고 그림에 대한 짤막한 글도 함께 적습니다.

그림일기의 소재★

나와 관련된 사람 이나 사물 을 생각해 보면 그림일기 쓰기가 쉬워집니다.

❶ **가족** 아빠, 엄마, 형제자매, 할머니, 할아버지 등 가족과 무슨 일을 했는지 생각해 보고, 가족의 모습과 있었던 일을 그림으로 그린 후 그림에 대한 짤막한 글을 적습니다.

❷ **친구**와 싸웠다면 토라진 채 등을 돌리고 있는 모습을 그린 후 어떻게 화해할까 고민하는 글을 적습니다.

❸ **애완동물**의 특징을 살려 그림으로 그립니다. 애완동물이 어떤 재롱을 피웠는지, 나는 어떻게 놀아주었는지 등을 그림과 글로 표현합니다.

❹ **식물**에 물을 주거나 시들해진 식물을 걱정스럽게 바라보는 나의 모습을 그리고 속상한 마음을 적습니다.

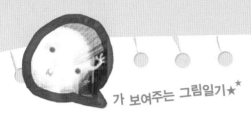

7월 21일 수요일 날씨 ☁️ 없이 ☀️이 방긋

제목 할머니가 오시다!

할머니가 우리 집에 오셨다. 그런데 난 산타할아버지가 오신 줄 알았다.

할머니가 보따리를 다섯 개나 가져왔기 때문이다.

보따리 안에는 고사리, 고추, 가지, 호박, 감자가 있었다.

할머니는 기운도 세다. 이걸 어떻게 다 들고 오셨을까?

할머니 덕분에 저녁밥이 무척 맛있었다.

5월 26일 화요일 날씨 꼭 여름처럼 더워요

제목 마을 탐방

선생님과 마을탐방을
위해 밖으로 나갔다. 먼저
삼각산문화예술관으로 가자고
하셨다. 학교에서 구민회관으로 가는 길엔 이것저것 쓸 것이 너무 많아
머리가 복잡하고 어지러웠다. 우리들은 횡단보도를 건너 구민회관으로
신이 나서 뛰어갔다.

지은이가 얼음땡을 하자고 하셨다. 얼음땡놀이와 무궁화 꽃이 피었습니다
놀이를 하였다. 선생님도 오셔서 같이 하자고 했다.
선생님께서 "누가 술래야?", 우리는 "선생님요." 선생님이 술래가 되었다.
2번을 더 하고 학교로 돌아오는 길에 선생님께서 아이스크림을 사주셨다.
정말 시원하고 맛있었다.

준수는 생활계획표대로 매일 아침 8시에 일어나 숙제와 공부를 열심히 했어요. 엄마도 그런 준수를 보며 아주 기뻐했지요. 하지만 며칠이 지나자, 준수는 슬슬 지겨워졌어요. 특히 방학숙제를 할 때면 저절로 한숨이 나왔지요.

"아휴, 대체 책을 만든 사람은 누구야?"

준수는 보던 책을 덮으며 투덜거렸어요. 그림책이라면 모를까, 그림은 적고 글만 잔뜩 적힌 책은 머리가 핑핑 도는 것 같았거든요. 결국 준수는 책 한 권도 다 읽지 못하고 덮었어요.

그렇게 금세 저녁이 되었어요. 준수는 일기장을 펼치고는 다시 한 번 한숨을 내쉬었어요. 그때 지니가 나타났어요.

"오늘은 깊은 고민이 있나 보구나?"

준수는 자신의 마음을 알아주는 지니가 고마웠어요. 하지만 괜히 신경질을 냈어요.

"오늘은 일기도 안 쓸래! 글자, 보기도 싫고 쓰기도 싫어!"

그러자 지니가 허둥지둥 준수를 말렸어요.

"그게 무슨 소리야? 난 일기장 속 이야기를 먹고 사는데 네가 일기를 안 쓰면 오늘 난 뭘 먹으라고?"

지니의 말에 준수의 마음이 조금 움직였어요. 그래서 오늘 있었던 일을 이야기해주었지요. 그러자 지니가 일기장 옆에 놓여 있던 책을 툭툭 치며 물었어요.

"이거 읽다 만 거야?"

"응."

"재미있겠는데?"

"재미없어."

"음, 넌 글자가 얼마나 맛난지 모르는구나?"

준수가 입술을 삐죽대자 지니가 활짝 웃으며 말했지요.

"책을 읽을 때 재미난 방법으로 읽으면 되잖아. 상상하면서!"

"상상한다고?"

"그래! 네가 이 책의 주인공이라고 생각해 봐. 텔레비전 이야기 속 만화주인공처럼!"

준수는 지니를 보다가 책표지로 눈길을 돌렸어요. 배를 타고 막 모험을 할 것 같은 주인공의 모습이 그려져 있었지요.

'저게 나라면?'

준수는 대체 어떤 모험을 할지 궁금해졌어요. 그리고는 자기도 모르게 책에 손을 뻗었지요.

생각보다 책은 재미있었어요. 글자가 대부분이었지만 텔레비전 속 이야기의 주인공이 되었다고 상상하면서 보니까 정말 그 자리에 있는 것만 같았지요.

책을 모두 읽은 준수가 함박 웃으며 말했어요.

"히야, 재미있네! 내가 진짜 모험을 하고 돌아온 것 같아!"

준수가 입 꼬리를 실룩실룩 올리며 웃었어요.

"준수 네 표정을 보니, 오늘은 아무래도 독서일기를 써야겠다!

책을 읽은 뒤 쓰는 독서일기를 말이야."

7월 22일 목요일   날씨 구름 약간

제목 멋진 모험가, 톰 소여!

『톰 소여의 모험』이라는 책을 읽었다. 주인공은 '톰'이었다.

톰은 말썽꾸러기라서 어른들한테 꾸지람을 자주 들었다.

하지만 어느 날 친구 '허크'와 함께 인디언 조가 사람을 죽이는 걸 본다.

나 같으면 벌벌 떨고만 있었을 텐데. 톰은 당당하게 사람들 앞에서

그 사실을 말한다. 그리고 허크와 함께 보물을 찾아 영웅이 된다.

톰은 꼭 나 같다. 우리 엄마도 나한테 자꾸만 말성 부리지 말라고 하기

때문이다. 난 톰이 정말 좋다. 톰처럼 모험대장이 되면 더 좋을 것 같다.

하지만 거짓말은 하지 않겠다.

용기를 내서 진실을 말했던 톰처럼 말이다.

독서일기 란 책을 읽고 느낀점을 쓰는 독서감상일기입니다. 동화책, 과학책 또는 만화책 그 어떤 종류의 책도 좋습니다.

독서일기의 소재★✦

어떤 책 을 읽었느냐에 따라 자신의 느낌 이나 생각 을 강조하여 적습니다.

❶ **동화책**의 제목을 적고 내용을 간략히 적는 것도 좋지만 가장 기억에 남는 장면을 고른 후, 그 장면에 대한 설명과 함께 왜 그 장면을 고르게 되었는지 이유도 함께 적습니다. 배울 점을 쓰는 것도 좋습니다.

❷ **만화책**에도 내용이 있습니다. 내용을 생각하며 주인공이 어떤 인물이었는지, 다른 등장인물들 중 누가 가장 기억에 남았는지 소개해 봅니다.

❸ **동시집** 동시가 묶여있는 동시집을 본 후 가장 기억나는 구절이나 시를 적고, 왜 좋았는지를 적습니다.

❹ **지식관련 책** 과학책이나 역사책 등 지식과 관련된 책을 읽은 후에는 새롭게 알게 된 사실을 적습니다. 앞으로 더 알고 싶은 부분에 대한 이야기도 좋습니다.

7월 22일 목요일   날씨 조각구름이 걸려 있다

제목 『티라노주식회사』를 읽고

이 책을 읽게 된 건 화가 나서 소리치는 공룡 얼굴이 너무 재미있어서였다.

'티라노주식회사'라는데 무슨 회사 이름인가?

책을 읽어보니 티라노가 에우로파라는 별을 발전시키겠다며 회사를 세웠었다.

공룡들은 '나 하나쯤이야'라는 생각으로 쓰레기를 아무 곳에나 버렸고,

가까운 거리도 자동차를 꼭 타고 다녔다.

에우로파가 발전될수록 자연은 파괴되었고, 에우로파는 결국 얼음별이

되어 공룡들도 모두 죽게 되었다.

난 너무 놀랐다. 나도 자주는 아니지만 쓰레기를 바닥에 버린 적도 있고,

가까운 거리도 자동차를 타고 가자며 떼를 쓴 적도 있기 때문이다.

지금부터라도 지구를 위해 노력해야겠다. "지구야! 아프지마!!"

7월 25일 토요일   날씨 맑음

제목 『할머니의 조각보』, 패트리샤 폴라코

할머니의 조각보는 정말 멋지다.

할머니가 만든 조각보를 딸이 쓰고, 딸이 쓰고 했다.

물려서 쓰면 더러울 것 같긴 하지만 할머니가 사준 것이 아니고

직접 만들어 주신 것이기 때문에 더 소중히 여긴 것이다.

나도 돈을 주고 산 것보다 할머니가 직접 만들어 주신 것이 더 멋질 것 같고,

할머니의 좋은 냄새도 날 것 같다.

3월 25일 목요일   날씨 책가방을 메면 등이 너무 더워요

제목 내가 원하던 그 책……

고모와 우리 가족이 고기 먹을 준비를 할 때 발견했다.

책 제목은 『우리 공주 박물관』이었다. 앞표지에 내가 좋아하는 한복을 입은

여자 아이가 있었다. 한복이라는 생각에 너무 기뻤다.

책을 읽어보니 여자아이는 세종대왕의 둘째 딸 정의공주였다.

선덕여왕, 평강공주, 덕혜옹주에 대한 이야기도 나왔다. 공주들이 하던 머리 모양,

화장품, 가마, 놀이들도 알게 되었다.

지금 롱티가 유행인 것처럼 옛날에는 한복 저고리 길이가 짧았다 길어졌다

했다고 해서 놀랐다. 한복디자이너가 되면 내 한복디자인도 유행시켜야지.

　오늘은 준수네가 경기도에 있는 할머니 집에 가는 날이에요. 할머니 집은 낡은 기와집들이 모여 있는 마을에 있었어요. 울퉁불퉁한 흙길도 있고, 골목 입구에는 커다란 나무도 있었지요. 무엇보다도 할머니 집 뒤에 있는 소나무 숲은 아주 멋있었어요.

　이윽고 할머니 집에 도착한 준수는 아빠 차에서 내리자마자 할머니에게 달려갔어요.

　"우리 준수랑 준희 왔구나!"

　할머니가 준수와 준희를 꼭 안아주었어요.

　준수는 소나무 숲 공터를 떠올리며 톰이 되어보기로 했어요.

　'나도 톰 소여처럼 보물을 찾아볼까?'

　준수는 실실 웃으며 할머니의 모종삽을 가방에 넣었어요. 그리고 재빨리 공터로 달려갔지요. 공터에는 잡초가 빼곡했어요. 준수 가슴까지 오는 풀꽃도 있었지요. 준수는 곳곳에 흙으로 반 이상 박힌 물건들을 보았어요. 예전에는 이곳에 집들이 있었어요. 준수는 얼른 잡풀을 꺾거나 뽑아냈어요. 그리고 삽을 꺼내려고 가방을 내려놓았지요.

그때 준수의 가방이 꿈틀거리더니 지니가 불쑥 튀어나왔어요.

"지니 네가 이 시간에 대체 무슨 일이야?"

"냄새가 좋아서 나오지 않을 수가 있어야지. 흐음, 나무 냄새, 흙냄새, 풀 냄새…… 멋진 소똥 냄새도 나는구나."

준수는 고개를 설레설레 저으며 가방에서 삽을 꺼냈어요. 그러고는 다시 풀을 뜯었지요.

"아앗! 너 왜 쓸데없이 풀을 뽑는 거야?"

지니가 소리를 지르는 통에 준수는 화들짝 놀랐어요.

"난 지금 톰 소여처럼 보물을 찾고 있는 거야."

"이렇게 마구 뽑으면 풀이 죽잖아. 준수 너, 풀에도 생명이 있다는 걸 모르는 거야?"

"풀에도 생명이 있다고?"

"물론이지. 이 세상 모든 자연에는 생명이 다 있다고. 자, 눈을 감아봐."

지니의 말에 준수가 가만히 눈을 감았어요. 그러자 휘이~ 바람 소리와 찰찰찰 나뭇잎들이 서로 부딪히는 소리, 찌륵찌륵 새

소리, 치르르 곤충소리까지 모두 들려오기 시작했어요. 마치 자연이 아름다운 노래를 부르는 것만 같았어요.

"이 모든 소리가 목숨이 있다는 증거야. 살아있지 않은 것에서 이런 소리가 날 리 없잖아? 그리고 저걸 봐."

지니는 공터의 풀포기들을 가리켰어요. 눈을 뜬 준수는 놀라지 않을 수가 없었어요. 잡초가 사람 모습을 닮은 초록색 작은 요정으로 보였거든요. 모두 준수에게 손을 흔드는 것 같았어요. 그러다 준수는 초록색 작은 요정이 쓰러져 있는 모습을 보았어요. 바로 준수가 뽑은 풀포기들이었지요. 준수는 왈칵 눈물이 나올 것만 같았어요.

"다시 태어날 테니 너무 걱정 마. 그게 바로 자연이거든. 하지만 아프지 않게 조심해 줘."

지니가 살짝 손을 놓자 잡초는 다시 풀포기로 보였어요.

"아무래도 오늘은 자연을 소재로 한 마인드맵 일기를 써야겠다! 자연에 대해 좀더 친숙하게 말이야."

7월 23일 금요일   날씨 태양 활활

제목 잡초에도 생명이!

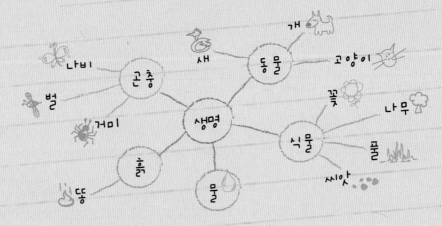

자연에는 참 많은 생명이 있는 것 같다. 그런데 나는, 잡초는 살아있지

않다고 생각했다. 지저분하게 삐죽삐죽 피어나 있으니까.

하지만 잡초도 생명이 있다. 강아지처럼 물도 먹을 수 있고,

꽃처럼 흙에서 영양분도 먹기 때문이다.

나는 내가 뽑았던 잡초에게 미안했다.

마인드맵일기란 '마음의 지도'라는 뜻이에요. 큰의미에서 지도를 보면 여러 장소가 나오는 것처럼 그날 있었던 일 중 가장 생각나는 일을 지도처럼 그림과 기호로 연결시켜 표현하는 일기입니다.

마인드맵일기의 소재★

오늘 있었던 일을 중심으로 한 가지 주제 나 사물 을 떠올려 그와 관련된 것들을 생각해보면 쉽습니다.

❶ **생활**과 관련되어 있는 모든 것이 마인드맵 소재가 될 수 있습니다. 예를 들어, '방학'이 소재라면 '방학동안 해야 할 일'이란 주제로 공부, 운동, 휴식 등으로 나눈 후, 공부는 어떤 공부들을 할 것인지, 운동은 어떤 운동들을 할 것인지, 휴식은 어떻게 보낼 것인지 등을 연결하여 적습니다.

❷ **공부**한 내용을 마인드맵으로 정리하여 적습니다. 예를 들어, 과학에서 새에 대해 배웠다면 새와 관련된 특징이나 종류 등을 나누어 공부 내용을 정리합니다.

❸ 좋아하는 **음식**을 먹었다면 그 음식과 관련된 것을 마인드맵으로 만들어봅니다. 예를 들어, 떡볶이라면 떡볶이와 관련된 고추장, 떡, 양파, 어묵 등을 연결시켜 더 많은 생각을 연결합니다.

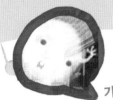

7월 23일 금요일 날씨 해방긋방긋

제목 나는 이런 사람!

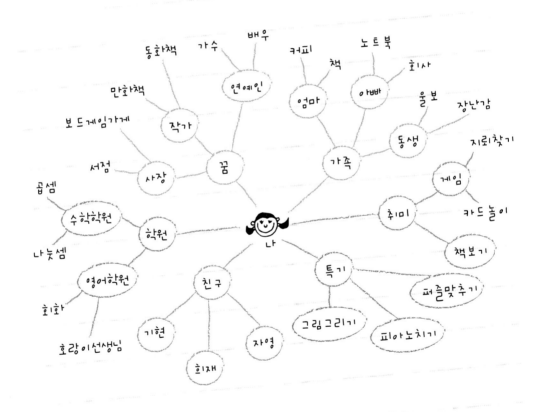

6월 8일 화요일   날씨 햇볕이 쨍쨍! 너무 더워요

제목 우리 집의 구조

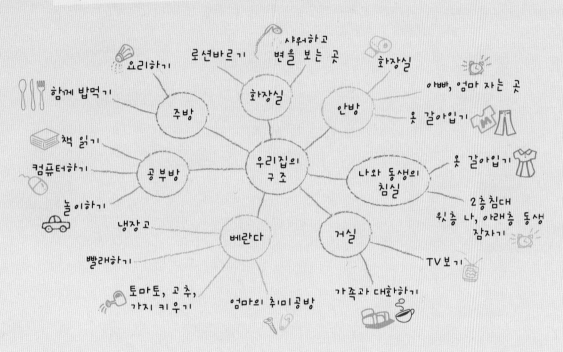

우리집은 정말 멋진 곳인 것 같다. 이런 우리집이 난 참 좋다.
엄마랑 아빠가 공방에서 뭔가 만들어, 나에게 '어때?'하고 보여줄 때는 더 좋다.
난 엄마 아빠랑 함께 선반도 만들고, 꾸미는 게 너무 재미있고 신난다.
친구들에게 우리집을 구경시켜주고 자랑하고 싶다.

준수가 할머니 집에 온 지 이틀이 되었어
요. 할머니와 엄마가 부엌에서 아침을 준비
하는지 달그락거리는 소리가 들렸지요. 준수
는 눈을 비비며 잠자리에서 일어났어요. 옆
에는 준희가 아직 곤히 자고 있었지요. 준수
가 창호지 방문을 열고 밖으로 나가자 방문
건너편에 할머니가 가꾸어 놓은 작은 텃밭이
보였어요. 수풀 사이에는 고추도 자라고, 깻
잎도 자라고, 개망초도 자라고 있었지요. 그
때 할머니가 부엌에서 나왔어요.

"우리 준수 일어났구나? 상 들어야 하니까
안방에 아빠 좀 불러주련? 준희도 깨우고."

"네."

준수는 안방으로 가서 아빠를 불렀어요.
그리고 준희를 깨우려고 작은 방으로 들어갔

지요. 준희에게 다가가려다가, 준수는 이불 위에서 무언가가 펄쩍 뛰어오르는 것을 보았어요.

"으악! 벌레다, 벌레!"

준수가 소리치자 아빠가 들어왔어요. 준수는 재빨리 준희의 배 위를 가리켰지요. 그때 준희가 몸을 뒤척이며 잠에서 깼어요. 그러자 준희 배 위에 올라가 있던 벌레도 펄쩍 뛰어내렸지요. 아빠는 고개를 끄덕이며 조심스럽게 다가가더니 벌레의 뒷다리를 재빨리 잡았어요.

"아, 방아깨비로구나."

"방아깨비라고요?"

뒷다리를 잡힌 방아깨비가 온 몸을 앞뒤로 흔들었어요.

"이것 봐라, 꼭 방아 찧는 거 같지? 그래서 방아깨비야."

"근데 왜 방에 방아깨비가 있어요?"

"아무래도 할머니 정원에서 길을 잘못 든 모양이구나. 준수네가 방아깨비 놓아주고 올래? 아빠는 준희 좀 안아야겠다."

준수는 조심스럽게 아빠처럼 방아깨비의 뒷다리를 잡았어요. 방아깨비가 다시 한 번 위아래로 흔들흔들 방아를 찧었지요.

가까이서 보니 방아깨비는 작은 머리에 기다란 더듬이 두 개가 있었어요. 준수는 다른 손으로 툭 더듬이를 건드려보았어요. 그러자 쫙 일자로 갈라졌다가 다시 하나로 뭉쳤지요. 더듬이는 이리저리 잘도 움직였어요.

준수는 방아깨비를 들고 정원에 나갔어요. 자세히 정원을 들여다보니 개미들이 이곳저곳에 기어 다니고 있었지요. 풀잎에는 방에서 잡은 것보다 큰 방아깨비도 보였어요. 준수는 다른 방아깨비를 잡아보려고 손을 가져다댔어요. 그러자 탁탁탁! 요란한 소리를 내며 날아갔지요. 깜짝 놀란 탓에 잡고 있던 방아깨비를 놓치고 말았어요.

"우와! 날개도 있네!"

준수는 아침식사를 한 후 하루 종일 정원과 뒷산 수풀을 오가며 곤충들과 놀았어요.

어느덧 잠자리에 들 시간이 되었어요. 준수는 방으로 들어가 일기장을 꺼냈어요. 지니가 나오더니 물었지요.

"오늘의 이야기는?"

"곤충에 관한 이야기야. 도와줄 거지?"

"관찰일기, 좋지!"

지니가 활짝 웃으며 말했어요.

7월 24일 토요일   날씨 햇볕 속에 조각구름 조금

제목 방아 찧는 방아깨비

아침에 준희를 깨우러 방에 들어갔다가 방아깨비를 봤다.

할머니 정원에서 들어온 거다.

자세히 보니 머리, 가슴, 배로 나뉘었는데 배 부분이 무척 길었다.

다리는 여섯 개였다. 그중에 가장 뒷다리는 배 부분보다 더 길었다.

아빠가 들어와 방아깨비의 뒷다리를 잡자 방아깨비가 위 아래로 흔들거렸다.

아빠가 방아를 찧는 것 같지 않느냐고 물었다. 보니까 정말 그랬다.

나는 방아깨비 더듬이를 건드려봤다. 이리저리 잘도 움직였다.

뛰기도 엄청 잘 뛰었다. 방아깨비가 내 애완곤충이 되면 좋을 것 같아서

나는 방아깨비도 잡고 메뚜기도 잡았다.

할머니가 방아깨비는 과일이나 채소를 먹는다고 하셨다.

하지만 방아깨비는 자연에서 노는 게 제일 좋다고 하셔서 놓아주었다.

관찰일기 란 곤충이나 동물, 식물 등을 관찰한 다음, 그 모양과 특징 등을 쓰는 일기입니다.

관찰일기의 소재★

주변에서 흔히 볼 수 있는 곤충 이나 식물 을 관찰한 후 쓰거나 자연사박물관 에 가서 본 것을 써도 좋습니다.

❶ 흙이 있는 곳이라면 어디서든 볼 수 있는 **개미**의 생김새나 움직일 때의 특징 등을 살펴보고 적습니다. 개미 그림을 그려 주면 더욱 자세한 일기가 됩니다.

❷ 여름이면 흔히 볼 수 있는 **모기**를 관찰하여 적습니다. 모기의 특이한 행동이나 움직일 때의 특징, 또는 윙 소리는 왜 나는지 등을 관찰, 조사한 후 적습니다.

❸ **사슴벌레**를 본 후 사슴벌레의 가장 큰 특징을 적습니다. 예를 들면, 수컷은 사슴뿔처럼 생긴 뿔이 있고, 암컷은 뿔이 없다는 점 등을 적고 왜 수컷에만 뿔이 있는지 곤충백과사전 등을 통해 알아본 후 그 내용도 적습니다.

❹ 흔히 볼 수 없는 **물방개** 같은 경우에는 사진을 찍어 일기를 써보는 것도 좋습니다.

7월 24일 토요일   날씨 구름 조금

제목 윙윙, 모기

저녁에 텔레비전 만화를 보는데 갑자기 귀에서 '윙' 하는 소리가 났다.

재빨리 고개를 돌려보니 실오라기 같은 게 돌아다니고 있었다.

자세히 보니 모기였다. 모기는 날다가 하얀 벽에 딱 붙었다. 나는 돋보기

를 가져왔다. 모기는 날개가 얇고, 여섯 다리가 참 가늘었다.

기다란 주둥이도 있었다. 모기가 갑자기 자고 있는 동생 얼굴 위에

앉았다. 나는 깜짝 놀라서 모기를 휘이휘이 손짓하며 쫓았다.

위이잉, 모기가 또 요란한 소리를 내며 달아났다.

왜 모기는 날 때 소리가 나는 걸까? 말이 많나?

나중에 알고 봤더니 모기가 '윙' 소리를 내는 건 날갯짓 때문이라고

한다. 피를 빨아먹는 건 알을 낳기 위해서라고 했다.

그래도 난 모기는 싫다. 물리면 너무 가려우니까.

3월 16일 화요일　날씨 얇게 입고 나가면 덜덜

제목 내 방에 있는 물체와 물질들(공부방)

연필-나무, 흑연　　　　　지우개-고무　　　　　연필꽂이-플라스틱
동화책-종이(종이는 나무로)　　　　　　책꽂이, 서랍-나무
테이프-비닐(테이프), 플라스틱(커버)　　　쿠키인형-헝겊(내가 만들었다)

이렇게 많은 것들이 내 방에 있는 물체이다. 물질은 물체를 만드는 재료이고, 여러 가지 물체들은 서로 다른 독특한 성질을 가지고 있다.

6월 7일 월요일　　날씨 해님! 어딨니? 구름만 가득해요

제목 배추흰나비야! 잘 가~

1. 채집방법 : 알이 붙어있는 배춧잎을 가져와
　　　바람이 잘 통하고, 햇빛이 직접 닿지 않게 한다.
2. 먹이주기 : 신선한 것을 준다. 양배추, 케일, 무 잎, 배춧잎
3. 청소하기 : 똥과 쓰레기를 치우고 새로운 휴지를 깔아준다.
4. 자라는 과정 : '알' → '애벌레'가 허물벗기 3번을 한다. →
　　　1주일 정도 지나면 '날개'가 조금씩 보인다. → '번데기' 등이 갈라지면서
　　머리, 가슴, 배가 나온다. → '나비'가 되었다.

처음에는 날개가 꾸깃꾸깃하고 젖어 있다. 2~3시간 지나면 자유롭게 하늘을 날 수 있다. 나는 나비에게 "다음에 보자!"라고 말해 주고 싶었다.

53

준수네가 할머니 집에서 지내는 마지막 날이 되었어요. 점심식사 후 할머니가 커다란 소쿠리를 챙기더니 나갈 채비를 했어요.

"할머니, 어디 가세요?"

"텃밭에 가지. 우리 준수 좋아하는 참외 따러."

"정말요? 저도 같이 가요!"

준수는 할머니를 따라 마을 어귀에 있는 텃밭으로 갔어요. 텃밭에는 상추, 고추, 가지 등 많은 채소가 자라고 있었지요. 할머니는 '참외농장'이라고 써 있는 비닐하우스 안으로 들어갔어요. 준수도 재빨리 따라갔지요. 그런데 비닐하우스 안 바닥에는 초록빛 가지와 잎사귀들만 가득할 뿐, 참외는 보이지 않았지요. 그때 할머니가 쪼그리고 앉아 잎들 사이에서 무언가를 꺼냈어요.

"우와!"

준수는 입이 떡 벌어졌어요. 노랗디 노란

참외가 잎들 사이에 있을 줄은 몰랐지요. 할머니가 참외를 따 주자 준수는 넓은 참외밭을 가리키며 물었어요.

"할머니, 여기 있는 참외가 모두 할머니 거예요?"

"이 마을 사람들 거야. 모두 나눠먹지. 가끔 주말농장을 할 때면 준수만한 아이들도 와서 따 가기도 한단다."

"여기에도 주말농장이 있는 거예요?"

"그럼. 우리 준수는 한 번도 안 가봤나 보구나?"

"네. 우리 반 애가 주말농장은 너무 힘들댔어요. 징그러운 벌레도 잡아야 한다고요."

"농장을 일구는 일은 결코 쉬운 일이 아니지. 하지만 씨앗에서 새싹이 나고, 또 열매를 맺는 걸 보면 아주 뿌듯하단다."

그러면서 할머니는 앞치마에 있던 주머니를 뒤적거려 작은 씨앗들을 꺼냈지요. 분홍색 예쁜 씨앗이었어요.

"이건 상추씨란다."

"이게 상추씨라고요?"

준수는 눈을 동그랗게 뜨고 다시 한 번 씨앗을 쳐다보았어요.

'분홍색 씨앗에서 어떻게 연두색 상추가 생기는 거지?'

준수는 마법을 보는 것처럼 신비하다는 생각이 들었어요.

"할머니, 저도 한 번 심어 볼래요."

할머니와 준수는 참외를 따다 말고 비닐하우스 밖으로 나왔어요. 그리고 상추 밭 옆 남아있는 공터에다가 작은 골을 만든 후 상추 씨 세 네 개를 뿌려 넣었어요. 그 후 흙을 살짝 덮은 다음 물도 주었지요. 준수가 다짐하듯 말했어요.

"할머니! 저, 주말마다 와서 상추가 자라는 거 다 볼 거예요."

준수는 할머니 집으로 돌아가 저녁식사를 하며 아빠에게 허락을 받았어요. 준수는 기분이 좋아 노래를 흥얼거리며 방으로 들어와 일기장을 폈지요. 지니가 튀어나오며 물었어요.

"오늘 좋은 일 있었나 봐?"

"응, 앞으로 주말마다 여기 농장에 오기로 했거든. 상추씨 심었다는 거 아니겠어?"

"오, 그럼 오늘부터 주말마다 메모일기를 쓰는 건 어때?"

"메모일기라고? 그게 뭔데?"

가 쓰는 메모일기★*

7월 25일 일요일   날씨 태양열 펄펄!

제목 상추씨 심기

참외를 따러 가시는 할머니를 따라 텃밭에 갔다가 상추씨를 심었다.

작고 길쭉한 분홍 씨가 상추씨라니 너무 신기했다.

상추씨는 너무 작아서 2~3개씩은 잘 잡히지 않았다.

빨리 상추 싹이 나왔으면 좋겠다.

내가 심은 준수표 상추!!

상추심기

1. 밭에 모종삽이나 손으로 좁은 골을 만든다.
2. 상추씨를 2~3개 정도씩 뿌려준다.
3. 상추씨가 덮힐 정도로만 살짝 흙을 덮는다.
4. 물조리개로 물을 살살 뿌린다.
     상추씨 심기 끝!

메모일기 는 빠른 시간 안에 짧은 문장으로 중심내용이나 자신의 생각, 느낌을 적는 일기입니다.

메모일기의 소재★★

그 순간이 지나면 금방 잊게 되는 생각 이나 느낌 들을 메모장 을 이용하여 그때그때 메모를 해두었다가 일기장에 옮길 수 있는 소재면 좋습니다.

❶ 여행을 가다가 아름다운 **풍경**을 봤다면 그것에 대한 나의 느낌을 간단히 메모합니다. 사진을 찍은 후 간단한 느낌이 담긴 글을 적어도 좋습니다.

❷ **음악**을 들으며 느껴지는 것을 적습니다. 어떤 음악은 코끼리가 지나가는 것 같다라거나 또는 잠이 올 것 같다는 등 자신만의 느낌을 간략히 적습니다.

❸ 유명한 학자나 선생님의 **강연**이나 **수업**을 들었다면 듣는 동안 중요 **내용**을 메모지에 적어 일기에 붙입니다.

❹ **특별한 약속**이나 잊지말고 **꼭 해야 할 일** 등을 잊지 않기 위해 메모를 해 두었다가 일기에 붙이거나 옮겨 적습니다.

7월 25일 일요일   날씨 부채나 선풍기가 그리운 날

제목 서점나들이는 즐거워~

엄마와 며칠 전부터 약속한 서점나들이 날이다. 난 엄마와 한 달에 한번

하는 서점나들이가 너무 좋다. 보고 싶었던 책을 사는 것도 좋고,

맛있는 간식이 있어서 더 좋다. 엄마는 읽고 싶은 책을 미리 찾아

놓으라고 하셨다. 그래서 인터넷도 찾고 또 친구들에게 추천도 받았다.

엄마는 "오늘은 꼭 보고 싶은 책으로 2권만 사는 거다!"라고 하셨다.

난 읽고 싶은 책을 4권이나 골랐는데, 어쩔 수 없이 가장 보고 싶은

책으로 2권만 골랐다. 못 산 책은 도서관에서 빌려 봐야겠다.

그래도 내가 좋아하는 딸기 아이스크림에 속상한 마음이 싹 가셨다.

내가 꼭 읽고 싶은 책
✓『티라노 주식회사』김한나 글, 서인주 그림, 파란정원, 9,500원
『몽당분교 올림픽』김형진 글, 책먹는아이, 9,500원
『짧은 귀 토끼』다원시 글, 심윤섭 그림, 고래이야기, 8,500원
✓『마법의 설탕 두 조각』미하엘 엔데 저(유혜자 역), 유혜자 그림,
소년한길, 7,500원

5월 8일 토요일   날씨 해님이 활짝 웃어요

제목 창덕궁에 가다

박물관 수업에 가는 날이다. 그런데 지각에다 꼴등 이었다.

버스를 타고 창덕궁에 가서 표를 받아 들어갔다.

선생님한테 집중하며 중요한 내용은 수첩에 적어놓았다.

엄마 말처럼 메모를 하니까 기억이 잘 되어서 선생님이 낸 문제를 다 맞췄다.

선물로 배지를 받으니 기분이 날아갈 듯 좋았다.

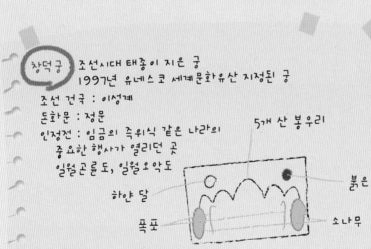

창덕궁 : 조선시대 태종이 지은 궁
    1997년 유네스코 세계문화유산 지정된 궁
조선 건국 : 이성계
돈화문 : 정문
인정전 : 임금의 즉위식 같은 나라의   5개 산 봉우리
    중요한 행사가 열리던 곳
    일월곤륜도, 일월오악도
                                                         붉은 해
      하얀 달
  폭포   소나무

선정전 : 임금님과 신하들이 회의하던 곳
대조전 : 중전(왕비)이 잠자던 곳. 용마루가 없다. 임금은 용이니까
  낙선재 : 헌종 임금의 사랑채
  후원 부용지, 애련지 : 정원, 연못

할머니 댁에서 집으로 돌아가는 날이 되었
어요. 준수는 할머니와 헤어지는 게 아쉬웠
지요.

"다음 주에 또 볼 건데, 뭘."

할머니가 웃으며 말했어요. 준수도 고개를
끄덕이며 할머니를 꼭 껴안았어요.

준수는 자동차 뒷자리에 앉아 창문으로 할
머니를 바라보며 손을 힘껏 흔들었어요. 자
동차가 마을을 빠져나갈 때까지 할머니도 준
수를 보며 손을 흔들었지요. 준수는 할머니
혼자만 남는 게 마음이 아팠어요.

"아빠, 할머니도 우리랑 살면 안 돼요?"

"같이 서울로 가자고 해도 할머니는 여기
가 좋다고 하시니 어쩌겠니."

아빠의 말에 준수는 아무 말도 하지 않았
어요. 어쩌면 아빠 말처럼 할머니에게는 시
골이 더 좋을 것 같았어요. 농장도 있고 할머

니 친구도 많았으니까요.

'나도 컴퓨터도 없고, 친구들도 없으면 심심할 것 같아.'

그래도 혼자서 식사를 하고 혼자 잠자리를 할 할머니를 떠올리면 마음이 불편했지요.

집으로 돌아온 준수는 컴퓨터 앞에 앉았어요. 엄마가 잠이 든 준희를 방에 눕히고 나오다가 준수를 보며 말했지요.

"박준수, 오자마자 무슨 게임이니?"

준수가 눈썹사이를 찌푸리며 대답했어요.

"엄마는 내가 컴퓨터만 켜면 게임하는 줄 알아."

"그게 아니면 뭔데?"

"농장에 할머니가 좋아하는 고추 심고 싶어서 고추에 대해 검색해 보려고 한단 말이에요."

"으응, 그러니?"

준수의 말에 엄마는 아무 말 없이 안방으로 건너갔어요.

'엄마는 하여튼 나를 못 믿어. 할머니는 내 말이면 무조건 믿어주는데.'

그렇게 생각하자 준수는 할머니가 다시 보고 싶었어요.

밤이 되자 준수는 일기장을 펼쳤어요. 일기장 속에서 지니가 나오며 물었지요.

"오늘은 기분이 안 좋아 보이는구나? 무슨 일 있어?"

지니의 물음에 준수가 대답했어요.

"아니, 그런 건 아니고……. 그냥 할머니가 보고 싶어서. 우리랑 같이 사셨으면 좋겠어."

준수가 힘없이 대답하자 지니가 말했지요.

"내가 할머니와 항상 가까이 있을 수 있는 방법이 하나 있는데, 가르쳐줄까?"

그러자 준수의 눈이 동그래졌지요.

"어떻게?"

"할머니가 보고 싶은 너의 마음을 글로 표현하는 거야."

"마음을 표현한다고?"

"그래, 그러면 늘 네가 쓴 글을 볼 때마다 보고 싶은 할머니의 모습이 고스란히 떠올라 네 곁에 있는 것처럼 느껴질 거야."

"정말? 어떻게 해야 하는 건데?"

준수의 물음에 지니가 팔을 걷어붙이며 말했지요.

"좋아! 오늘은 할머니를 생각하며 동시일기를 쓰자."

가 쓰는 동시일기★

7월 26일 월요일   날씨 구름이 잔뜩 하늘을 가림

제목 할머니 냄새

가만히 눈을 감는다.

그리고

할머니를 생각해본다.

이건 무슨 냄새지?

할머니가 끓여 주신

구수한 된장국 냄새다.

이건 무슨 냄새지?

할머니 집 정원의

향긋한 풀냄새다.

이건 무슨 냄새지?

할머니가 따주신

달콤한 참외 냄새다.

할머니를 생각하면

향긋한 냄새가 난다.

66

동시일기 란 사물이나 사람 등을 좀더 친근하고 감성적으로 표현하고 싶을 때 쓰는 일기입니다.

동시일기의 소재 ★★

동시로 쓰는 일기이기 때문에 자신의 감정 을 표현할 수 있는 소재라면 무엇이나 다 될 수 있습니다.

❶ 가족이나 친구 등 **사랑하는 사람**을 소재로 하여 그 사람에 대한 느낌을 솔직하게 적습니다. 동시처럼 '리듬감' 있게 쓰는 것이 좋습니다.

❷ **아끼는 물건**이나 **동물**의 겉모습을 재미있게 표현합니다. 예를 들어 일기장이라면 '내 마음이 들어간 네모난 창문, 일기장' 처럼 '비유, 은유' 등의 표현법으로 써 봅니다.

❸ 좋아하는 것뿐만 아니라 **싫어하는 것**에 대해서도 좋습니다. 예를 들어, 양파를 싫어한다면 '까도까도 또 까야 하는 양파 / 엄마는 양파를 까면서 눈물 찔끔! 나는 양파 먹기 싫어서 눈물이 찔끔!' 등으로 특징을 잡아 마음을 담아 표현해 봅니다.

❹ **날씨**는 '몽글몽글', '주룩주룩' 처럼 '의성어나 의태어'로 노래하듯이 짧고 간략하게 표현합니다.

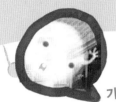 가 보여주는 동시일기★

7월 26일 월요일　날씨 구름많음

제목 지우개

"다시 써 봐."

잘못 쓴 글씨를

싹싹 지워 주고

지우개는 선생님처럼

공부할 때면

잘못을 바로잡아 주어요.

"다시 그려 봐."

잘못 그린 그림을

박박 지워주고

이런 지우개가 있어

나는 틀려도 걱정 없어요.

5월 27일 목요일
날씨 부채가 정말 필요한 날

제목 지각

'앗! 큰일이다.'
시계바늘이 벌써 9시를 가리킨다

교실 문 앞에 서니
호랑이 선생님의 우렁찬 목소리

들어가려니,
가슴만 두근두근

어쩌지
'아, 집에 가고 싶다'

7월 24일 월요일
날씨 안경이 햇빛을 막아주어요

제목 썬글라스

햇빛을 누가 막아주나요
썬글라스가 막아주지요

햇빛을 누가 막아주나요
멋진 모자가 막아주지요

동그란 눈 두 개
다리도 두 개
멋진 내 썬글라스

　학원에 다녀온 준수가 신발을 벗자마자 가방을 툭 내던지며 외쳤어요.

　"엄마, 나 영어학원 안 다니면 안 돼요?"

　준수의 말에 거실에서 책을 보던 엄마가 허리를 펴고 일어났어요.

　"무슨 소리야? 영어학원을 왜 안 다녀? 학원에서 누가 괴롭히니?"

　엄마가 걱정스럽게 묻자 준수는 퉁명스럽게 대답했어요.

　"영어가 날 괴롭혀요."

　"영어? 무슨 소리야? 아, 알았다. 준수 너, 영어 배우기 싫어서 꾀가 났구나?"

　"아니에요. 배우기 싫은 게 아니라 다른 애들보다 내가 못하는데 자꾸만 선생님이 나만 시킨단 말이에요."

준수는 울고 싶은 마음이었어요. 다른 친구들은 외국에 나가서 영어를 배운 적이 있거나 칭찬만 받는 모범생이었는데, 준수만 더듬거리며 영어책을 읽고 해석했거든요. 게다가 단어시험도 가장 못 봤고 선생님에게 영어 질문을 받았을 때 말 한 마디 제대로 하지 못했지요. 그럴 때마다 준수는 창피했어요. 엄마에게 이 모든 이야기를 하자 엄마가 말했어요.

"그랬구나. 하지만 그럴수록 더 열심히 해야지."

준수는 말없이 고개만 숙였어요. 엄마는 기운을 내라며 저녁 반찬으로 준수가 가장 좋아하는 돈가스를 튀겨주었어요. 하지만 준수의 머릿속은 온통 영어에 대한 생각뿐이었지요.

'영어 단어를 오랫동안 지속해서 외울 수 있고, 문장 해석도 잘 할 수 있다면!'

방으로 들어온 준수는 아무 것도 하지 않고 엎드렸어요. 더듬더듬 영어문장을 읽던 자신의 모습이 떠오르면서 친구들이 키득대며 웃던 게 기억났지요. 준수는 눈물이 왈칵 흘러나왔어요.

그때 일기장에서 스멀스멀 지니가 기지개를 펴며 나왔어요. 지니는 장난기 가득한 목소리로 준수의 어깨를 툭툭 치며 말했어요.

"간만에 또 일기 쓰는 법을 까먹은 거야?"

그러다 준수의 눈물을 보고 놀라며 말했어요.

"왜 그래? 무슨 일 있니? 나한테 다 말해 봐."

준수는 눈물을 쓱쓱 닦더니 한참 후에야 영어학원에서 있었던 일을 이야기해 주었어요. 지니는 고개를 끄덕이며 준수의 말을 잘 들어주었지요. 준수의 말이 끝나자 지니가 말했어요.

"그러니까 영어를 안 하고 싶은 게 아니라 잘 하고 싶은 거네? 영어를 잘 할 수 있는 비법이라…… 음……."

지니가 방 이쪽저쪽을 오가며 고민하다가 멈추었어요.

"좋은 생각이 있어. 영어일기를 쓰는 게 어때?"

"영어일기라니? 난 영어를 못 한다니까?"

"그러니까 일기를 통해 연습을 하는 거야. 간단한 문장 만들기 연습이랄까? 영어 문법이나 단어는 영어동화책과 사전을 통해 보면 되잖아?"

준수는 가만히 생각하다가 고개를 끄덕였어요.

"그럼 영어일기는 어떻게 시작하면 되는 거지?"

"좋아, 내가 자세히 가르쳐줄테니 다음번엔 네 친구들 코를 납작하게 해 주자고!"

 가 쓰는 영어일기★

Wednesday, July 28   Rainy

제목 I hate to study english.

I wast very angry today.

because 영어학원에서 내가 더듬거리며 영어책을 읽고

interpretation했더니, my friends laughed at me.

영어를 잘 하지 못하는 것도 I feel really bad, 친구들까지 웃다니…….

창피하기도 했지만 어떻게 해야 영어 공부를 잘할 수 있는지

I don't know.

많이 exercise해서 다음에는 wonderful reading,

interpretation하는 모습을 친구들에게 보여주고 싶다.

"I can do it!!"

영어일기 는 우리말과 함께 단어나 문장을 영어로 바꾸어 쓰는 일기입니다.

소재는 무엇이든 상관없습니다. 이야기 를 영어로 바꿀 수 있으면 다 좋습니다.

❶ **자기소개** 나의 이름이나 나이, 어느 학교의 몇 학년인지 등을 소개할 수 있는 글은 영작이 비교적 쉬운 편입니다. 자기 자신에 대한 소개를 먼저 한글로 적은 후 영어로 바꾸어 적습니다.

❷ **영어동화책**을 보고 일기에 쓸 수 있는 문장들을 적어 두었다가 자신의 영어일기 안에도 표현해 봅니다. 이것은 영어공부에도 도움이 된답니다.

❸ 영어의 기초가 되는 단어 중 **오늘 외운 영어 단어**를 중심으로 영어일기를 씁니다. 예를 들어, '나는 오늘 difficult라는 단어를 배웠다. 스펠링이 9개나 된다. 정말 '어려운' 단어다.' 식으로 표현합니다.

 가 보여주는 영어일기★★

Wednesday, July 28   Rainy

제목 축구선수가 될 테야!

I enjoyed playing soccer with my classmates.

I scored a goal. I was very happy!

I like soccer and running.

I want to be a famous soccer player.

학교에서 친구들과 축구를 했다.

내가 한 골을 넣었다. 무척 기뻤다.

나는 축구가 좋다. 달리기가 좋다.

앞으로 나는 훌륭한 축구선수가 되고 싶다.

준수의 친구들이 보여주는 영어일기★

Monday, June 7   Sunny→Rainy→cloudy→Sunny

제목 Weather가 back and forth

날씨가 정말 이상하다. 왜냐하면, morning에는 Sunny, afternoon에는 rain
and hail이 떨어졌다. 이럴 때 어른들은 'tiger가 marrying하는
day'라고 한다. I don't like on rainy days.
umbrella를 써야 할지 접어야 할지 I don't know.
rain가 오니 shoes만 be dripping wet. "Oh, my God."

Thursday, June 17   Sunny

제목 English Supermaket

I' want grapes, apples, ice cream,
pear, juice, sweet melon, choco pie.
그 중에서도 I like apples.
사과는 energy candy이기도 하고, power이 세지기 때문이다.
이것 말고도 사고 싶은 것이 있지만 문 닫을 시간이 되어 사지 못했다.
I'm hungry. Mom please.
Ok. I love you. ♥~~~

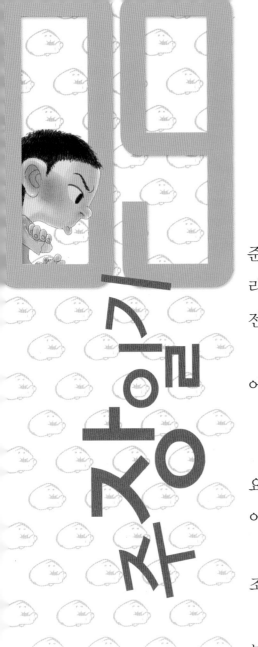

"우리 아들이 영어로 일기를 쓰다니!"

엄마의 목소리가 방방 뛰는 느낌이었어요. 준수는 어깨를 쫙 펴고 앉아 실룩샐룩 입 꼬리를 올리며 웃기만 했지요. 엄마는 텔레비전을 보고 있던 아빠에게 달려갔어요.

"준수 아빠, 이것 좀 봐요. 우리 준수가 영어로 일기를 썼어요!"

"오, 대단하군."

아빠도 준수의 일기를 보며 칭찬을 했어요. 준수는 하려고 했던 말을 하기로 결심했어요.

"저기, 엄마, 아빠. 그래서 말인데요, 용돈 조금만 올려주시면 안돼요?"

갑자기 아빠와 엄마가 준수를 멀뚱히 쳐다보았어요. 준수는 어색하게 입 꼬리를 올리고 웃었지요. 이윽고 아빠가 말했어요.

"아빤 준수 용돈이 부족하다고 생각하지 않는데?"

준수가 입술을 빼죽댔어요.

"부족하단 말이에요."

"그래? 그럼 얼마나 더 필요한데?"

"만 원이요!"

그러자 엄마가 끼어들며 말했어요.

"그렇게나 많이?"

"다른 애들은 한달에 2만원씩 받는단 말이에요. 근데 전 만원이잖아요."

준수의 대답에 아빠가 고개를 설레설레 저으며 말했어요.

"그런 대답으로는 용돈 못 올려준다."

"왜요?"

"왜 용돈이 만 원씩이나 더 필요한지, 어디에 쓰기 위해 필요한지, 구체적으로 아빠를 설득하지 않으면 용돈은 안 올려 줄 거야."

준수는 갑자기 할 말이 없었어요. 왜 용돈이 더 필요한지에 대해서는 생각해보지 못했거든요.

준수는 방으로 들어온 후 아빠의 말을 떠올리며 가만히 생각에 잠겼어요. 그때 일기장에서 지니가 나왔지요.

"무슨 생각 중이야?"

준수는 지니에게 아빠의 말을 이야기해 주었어요. 지니는 모두 듣더니 고개를 끄덕이며 말했지요.

"그러면 주장일기를 써보는 게 어때?"

"주장일기라고?"

"그래. 그러면 용돈이 더 필요할지 안 할지, 필요하다면 얼마가 더 필요할지에 대해 자세하게 알 수 있거든."

지니의 대답에 준수는 연필을 집어 들었지요.

7월 29일 목요일   날씨 주룩주룩 비 온 날

제목 용돈을 올려야 하는 이유

요즘 학원수업이 끝나면 친구들은 꼭 과자를 한 봉지씩 사 먹는다.

3시부터 5시까지가 학원수업시간인데 수업을 두 시간이나

듣다 보면 배가 고파지기 때문이다.

그런데 나는 과자를 사 먹을 수가 없다. 용돈이 부족하기 때문이다.

과자는 모두 천 원인데 일주일에 세 번만 사 먹는다고 해도

한 달이면 벌써 12000원이나 된다.

내 용돈은 만원이라 2000원이나 부족하다.

그러니까 이천 원 정도만 올려달라고 아빠께 말씀 드려야겠다.

주장일기 란 자신의 말이나 행동을 다른 사람에게 설득시키기 위해 쓰는 일기입니다. 원인과 결과를 잘 분석하고, 타당한 이유와 결론이 잘 드러날 수 있어야 합니다.

주장일기의 소재 ★

자신의 말 이나 행동 을 다른 사람에게 설득시킬 수 있는 소재면 됩니다.

❶ 가까운 **이웃**과 있었던 일을 생각해봅니다. 예를 들어 윗집에서 쿵쿵 뛰어다니는 소리를 들으면 '아파트에서 조용히 걸어 다녀야 하는 이유' 등을 주제로 일기를 쓸 수 있습니다.

❷ 하면 할수록 재미있는 **컴퓨터 게임**이지만 왜 오래 하면 안 되는지 등에 대한 주장을 펼쳐봅니다. 어른들이 많이 하지 말라는 것에 대하여 주장일기를 쓰다보면 그 이유도 알 수 있습니다.

❸ 극장이나 미술관 등을 다녀와 **차례**를 지켜야 하는 이유에 대해 생각해 보고 어떤 것이 올바른지에 대해 일기를 쓸 수 있습니다.

❹ 사회에서 관심이 되는 '따돌림'에 대한 내용이 **뉴스**에서 나왔다면 자신의 경험이나 목격을 통해 '친구를 괴롭히지 말자' 라는 주제로 일기를 쓸 수 있습니다.

 가 보여주는 주장일기 ★

7월 29일 목요일   날씨 장화신고 첨벙첨벙

제목 컴퓨터 게임을 줄이자!

요즘은 많은 아이들이 컴퓨터 게임을 한다. 나 역시 그렇다.

컴퓨터 게임은 무척이나 재미있다. 게임 속 캐릭터가 내 마음대로

움직이고, 상대방과 싸워서 이기면 기분이 좋다.

하지만 컴퓨터 게임을 너무 오래 하면 안 좋은 것 같다.

우선 눈이 많이 나빠지기 때문이다. 또 구부정하게 앉아만 있으니까

자세도 나빠진다.

나도 눈이 많이 나빠지고, 가만히 있어도 자꾸만 등이 숙여진다.

그리고 게임을 너무 많이 하면 엄마도 걱정을 많이 하신다.

앞으로는 30분 이상 게임을 하지 않도록 노력해야겠다.

준수의 친구들이 보여주는 주장일기★

6월 10일 목요일 날씨 반바지를 입으면 시원해요

제목 안내문을 잘 챙기자!

안내문을 잘 챙기지 않는 아이들이 있다. 친구 한 명이 안내문을 챙기지 않아
혼이 났다. 나도 오늘 깜빡하고 책상 서랍에 두고 오고 말았다.
나도 친구처럼 내일 선생님께 혼이 날지 모른다는 생각에 마음이 조마조마하다.
다음부터 안내문을 잘 챙기고, 잃어버리지 않도록 해야겠다.

4월 13일 화요일   날씨 구름이 해님과 인사하고 지나가다

제목 서로 양보하고 도웁시다!

모둠끼리 그림지도 그리기를 시작했다.
나는 학교와 도로만 그리고, 친구들에게 그리게 해 주려고 했다.
그런데 친구가 '왜 너만 하냐'고 했다. 어느새 울음을 터뜨렸다.
친구와 싸우다 보니 그림지도가 찢어지고, 난리가 났다.
그런데 수민이가 그린 그림을 보니 엉망진창이 된 지도보다 나아 보여
수민이 그림으로 냈다. 우리 모둠이 3등을 했다.
'협동심은 없어도 그림은 잘 그렸나?'라는 생각이 들었다.
만약 우리가 서로 양보하고 협동하여 그렸다면 1등을 했을지 모른다.
그렇게 했다면 '친구들과 더욱 신나하지 않았을까?'라는 생각이 든다.
다음부터는 서로 의견을 듣고, 양보하고 돕도록 노력해야겠다.

해운대에 가까워지자 준수는 벌써부터 엉덩이가 들썩들썩 했어요. 얼마 지나지 않아 차안으로 바다냄새가 새어 들어왔고 준수는 창밖을 보며 외쳤어요.

"우와, 바다다!"

멀리 바다의 수평선이 보였어요. 준희도 바다를 보며 까르르 웃었어요.

바다에 다다르자 아빠는 주차장에 차를 세우고, 모래사장에 텐트를 쳤어요. 준수는 아빠를 거들었어요. 텐트치기는 복잡하기도 하고 재미있었어요.

잠시 후 텐트가 완성되자 아빠는 준수와 함께 낚싯대를 챙겨 근처 큰 돌이 있는 곳으로 갔어요. 아빠는 낚싯대를 하나 꺼내더니 미리 준비해 온 밑밥을 동그랗게 말아 낚싯바늘에 꼈어요. 아빠는 한 손에는 낚싯줄을, 다른 한 손에는 낚싯대를 잡더니 멀리 낚싯줄을 던졌어요. 동그랗고 노란 찌만 물위에

둥둥 떠올랐지요.

"자, 이건 준수 꺼! 조용히 해야 고기가 오는 법이란다. 이제부터 말소리 크게 하면 안 돼."

준수는 고개만 끄덕였어요. 고기가 안 오면 안 되니까요.

시간이 조금 흐르자 준수는 팔도 아프고 다리도 아픈 것 같았어요. 물을 아무리 들여다봐도 물고기는 보이지 않았고, 찌는 파도에만 살랑살랑 흔들릴 뿐이었지요. 하품이 막 나려는 그때, 낚싯대의 찌가 들쑥날쑥하며 흔들리기 시작했어요.

"아빠! 아빠!"

준수의 부름에 아빠는 들고 있던 아빠의 낚싯대를 놓아둔 채 준수의 낚싯대를 함께 잡았지요. 그리고는 낚싯줄을 말며 재빨리 낚싯대를 들어 올렸어요. 준수 팔뚝만한 물고기가 팔딱거리며 딸려 올라왔지요.

"와! 물고기다, 물고기!"

준수의 외침에도 아빠는 침착하게 물고기를 끌어왔어요. 그리고는 조심스레 낚싯바늘을 빼고 물통에 물고기를 넣었어요.

낚시를 마치고 돌아오자 엄마가 눈을 흘기며 말했어요.

"부자가 똑같네. 나는 여태껏 밥했구먼."

"당신도 준희랑 바닷가에서 놀던데 뭐. 바위 위에서 다 봤다고."

아빠의 말에 엄마가 살짝 웃었어요. 준수는 엄마에게 잡은 물고기를 보여주었어요. 엄마는 카메라를 들고 사진을 찍느라 호들갑을 떨었지요.

"저녁 먹자. 준수는 텐트 안에서 숟가락 좀 가지고 나올래?"

"네!"

준수는 텐트 안에 들어갔어요. 그러고는 화들짝 놀랐지요. 바로 눈앞에 지니가 있었거든요. 준수는 목소리를 낮추고 지니에

게 물었어요.

"지니야! 너 왜 나와 있어? 들키면 어쩌려고?"

"아무래도 오늘은 네가 일기를 쓰지 않을 것 같아서. 너, 너무 즐거운 거 아니야?"

"오늘 우리 가족이 여행왔거든. 그래도 걱정하지마. 나, 일기는 꼭 쓸 거야."

준수가 웃으며 대답하자 지니도 활짝 웃으며 말했어요.

"그럼 오늘은 여행이야기겠네? 들려줘, 여행일기!"

"알았어. 조금만 기다려! 오늘 일기는 흥미진진할 거라고!"

7월 31일 토요일   날씨 부채질해도 덥다 더워!

제목 해운대에 가다!

가족과 함께 해운대 해수욕장에 갔다.

무려 5시간이나 걸렸다.

지루했지만 휴게소에서 사먹은 핫도그 때문에 참을 수 있었다.

바다에 도착해 우리는 텐트도 치고, 밥도 해먹었다.

그 중에서 가장 재미있었던 건 아빠와 낚시를 한 거다.

난 낚시가 처음이었다.

아빠는 밑밥을 동그랗게 말아 내 낚시 바늘에 끼워주었다.

바다에 던지고 한참을 있었는데도 물고기가 안 잡혀서 속상했다.

하지만 조용히 끈질기게 기다리니 물고기를 잡을 수 있었다.

다음에 아빠와 또 낚시하러 오면 좋겠다.

여행일기 란 여행을 가거나 혹은 다녀와서 느낀 점이나 배운 점 등을 쓰는 일기입니다.

여행일기의 소재★*

여행을 다녀온 곳 을 떠올리면 소재를 찾기 쉽습니다.

❶ **산**을 오를 때의 느낌과 내려올 때의 느낌, 그곳에서 머물면서 경험한 것에 대한 느낌이나 배운점 등을 중심으로 적습니다.

❷ **바다**에서 동생과 모래성 쌓기를 하였는데 파도에 모래성이 허물어져 속상했다는 이야기처럼 바다에서의 경험과 느낌을 적습니다.

❸ 꼭 먼 곳이 아니라도 공원이나 유원지 등에 **소풍**을 다녀온 것만으로도 여행일기를 쓸 수 있습니다. 새롭게 느낀 것에 대해 적습니다.

❹ **외국**이나 **제주도** 등, 쉽게 갈 수 없는 장소를 다녀온 경우에는 여행 목적이나 가는 동안의 여정을 적는 것도 좋습니다. 또한 늘 생활하던 곳과는 어떤 점이 달랐는지, 비슷한 점은 무엇이었는지 등을 적어봅니다.

7월 31일 토요일   날씨 뜨거운 햇살

제목 자연휴양림으로!

오늘 아빠 엄마와 처음으로 '자연휴양림' 이란 곳에 갔다.

산속에 있는 곳이었는데, 길도 깨끗하고 간간이 통나무 집도 보여서

꼭 동화책 속에 들어와 있는 것 같았다.

한참을 올려다봐야 하는 큰 나무도 많았다.

새의 지저귐도 들을 수 있었고, 계곡에 발도 담가 보았다.

계곡물은 여름인데도 차갑고 시원했다.

나무 냄새, 풀냄새, 꽃 냄새까지 맡으니 마음이 풍성해지는 것 같았다.

처음에는 숲에 아무것도 구경할 게 없을 거라고 생각했는데

많아서 참 놀라웠다. 다음에도 또 왔으면 좋겠다.

10월 25일 일요일   날씨 산은 춥고, 땅은 아주 덥다
제목 도봉산에 오른 날

도봉산에 올라갔다. 조금은 더웠고, 조금은 추웠다.
아빠차에서 비닐 봉투를 꺼내어 나뭇잎을 주웠다.
예쁜 것도 많았고, 나무의 종류도 아주 많았다.
참나무에는 구실잣밤나무, 상수리나무, 굴참나무, 졸참나무, 갈참나무, 신갈나무,
떡갈나무, 가시나무가 있다고 아빠께서 알려주셨다.
지민이하고 민혁이는 서로 나뭇가지를 가지겠다고 싸웠다.
산에 올라가려니 조금 힘들긴 했지만 즐거웠다. 노래가 저절로 입에서 나왔다.

8월 16일 월요일   날씨 비가 왔다 안 왔다 한다
제목 열쇠전망대를 갔다

캠프의 마지막 날이다. 집으로 가기 전에 열쇠전망대에 올라갔다.
6.25전쟁으로 인해 휴전선이 생기고, 남방한계선, 북방한계선
사이에는 아무도 들어갈 수가 없다는 이야기를 들었다.
북한 초소에서 총을 쏘면 우리가 맞을 수 있는 가까운
거리라고 했다. 이렇게 가까운데 우리는 금강산에 가는
것 말고는 북한으로 갈 수 없다는 말에 슬펐다.
혹시 총을 쏘지 않을까 걱정이 되어 무서웠지만 빨리
통일이 됐으면 좋겠다.

여행을 마치고 집으로 돌아온 다음 날, 엄마는 몸살이 났어요. 아구구, 앓는 소리를 내며 이리저리 돌아눕기만 했지요. 엄마가 잠이 든 사이 준수는 회사에 간 아빠에게 전화를 걸었어요.

"아빠, 엄마가 편찮으세요."

"저런, 알았다. 엄마 귀찮게 하지 말고 동생 잘 보고 있어. 퇴근하는 대로 빨리 갈게."

준수가 전화를 끊고 준희를 보니 평소에 자신이 아끼던 자동차 장난감을 가지고 놀고 있었어요. 그래도 준수는 화를 내지 않고 꾹 참았지요.

저녁 일찍, 아빠가 집에 왔어요. 엄마는 여전히 침대에 누워 있었지요. 간간히 콜록거리며 기침도 했어요. 아빠가 엄마에게 말했어요.

"가만히 누워만 있어. 오늘 저녁은 내가 할게."

그러더니 아빠는 부엌으로 나가 앞치마부터 둘러맸지요. 그리고 냉장고 안을 뒤적거리더니 달걀이며 양파, 애호박 등 여러 채소와 김치를 꺼냈어요. 재료들을 한 데 모아 물로 씻고, 정성 들여 썰었어요. 준수는 준희와 함께 그런 아빠를 보며 키득 웃었어요. 그러다가 준수가 한 마디 했지요.

　　"아빠, 저도 돕고 싶어요."

　　"그래? 그럼 우리 아들은 달걀을 풀어라. 이렇게!"

　　아빠는 준수 앞에서 달걀을 한 개 깨뜨려 넣고는 거품기로 저으며 시범을 보여주었어요.

　　준수는 아빠가 한 것처럼 달걀을 깨뜨려 넣었어요. 익숙하지 않아 달걀 껍데기가 함께 빠져 꺼내느라 고생은 했지만 거품기로 열심히 달걀을 풀었지요. 그리고는 미리 아빠가 다듬어 둔 파, 양파, 당근, 햄을 함께 섞었어요.

　　"와, 색깔 예쁘다!"

　　준희는 준수가 푼 달걀을 보며 감탄했어요.

　　이윽고 식탁에 저녁식사가 준비되었어요. 두부가 많이 들어간 구수한 된장찌개와 달걀말이 뿐이었지만 준수는 뿌듯했어요. 이 요리의 반은 준수의 노력도 들어간 것이었으니까요.

준수가 준희와 안방으로 가서 엄마를 모시고 나왔어요. 준수가 엄마를 자리에 앉히자 아빠가 엄마에게 숟가락을 건넸지요. 엄마는 웃으면서 숟가락을 받아들고 된장찌개를 한 숟가락 떠먹었어요.

"맛있는데! 간이 딱 맞네!"

"엄마, 달걀말이도 드셔보세요."

준수의 말에 엄마는 달걀말이도 하나 집어 먹었어요. 그러더니 눈을 동그랗게 뜨며 말했지요.

"정말 맛있구나! 요리사 해도 되겠는데? 엄마가 기운이 쑥쑥 난다!"

준수는 엄마가 웃는 모습을 보자 기분이 좋았어요. 저녁식사는 정말 맛있었지요.

준수가 방으로 들어오자 지니가 코를 킁킁거리고 있었어요.

"이 맛난 냄새는 뭐냐? 오늘 뭐 먹었어?"

"응, 아빠랑 내가 한 멋진 요리를 먹었지!"

"정말? 무슨 요리인데? 나도 알려줘. 요리일기로 말이야."

"그래!"

준수는 일기장을 펼쳤어요.

 가 쓰는 요리일기★

8월 2일 월요일   날씨 찜통에 들어가면 이럴까?

제목 나는야, 달걀말이 요리사!

엄마가 아파서 아빠와 요리를 했다.

아빠는 된장찌개와 달걀말이를 했다. 나도 옆에서 아빠를 도왔다.

달걀말이 하는 법은 굉장히 간단했다.

먼저 달걀 세네 개를 탁탁 깨뜨려 둥글고 큰 그릇에 넣고,

거품기로 마구 휘저어 풀어 준다.

그 다음 파, 양파, 당근, 햄을 다져서 함께 섞는다.

그리고 프라이팬에 기름을 두르고 달군 다음 얇게 편다.

위가 익기 전에 돌돌 말아 익히면 끝!

가스불이 위험해서 프라이팬에 하는 건 다 아빠가 했다.

그래도 맛을 보니 맛있었다. 엄마도 좋아했다. 내가 한 첫 번째 요리다!

요리일기 란 음식을 직접 만들어보거나 어떤 음식을 먹어 보고 느낀 것들을 쓰는 일기입니다.

요리일기의 소재★★

어른의 도움을 받거나 직접 손쉽게 할 수 있는 요리 라면 어떤 것이든 소재가 될 수 있습니다. 요리일기는 요리를 한 순서대로 적는 것이 좋습니다.

❶ 부모님을 도와 **집에서 하는 요리**를 했다면 그 과정과 맛을 적어봅니다. 예를 들어 볶음밥을 했다면 어떤 재료들을 넣어서 만들었는지, 내가 직접 한 볶음밥의 맛은 어땠는지 느낌을 적습니다.

❷ **디저트** 색다른 음식을 했다면 요리과정과 순서를 나열해봅니다. 처음하는 요리 과정에서 실수했던 점이나 잘했던 점도 함께 적습니다.

❸ **어린이요리교실** 등을 다녀왔다면 그곳에서 친구들과 함께 만든 요리를 적습니다. 재료나 만드는 순서 외에도 친구들과 있었던 요리와 관련된 이야기도 적습니다.

❹ **명절** 때 어른을 도왔던 것도 좋습니다. 예를 들면, 만두를 빚었는데 만두피를 직접 만져본 느낌이라든지 완성되었을 때 모양이 엉망이었다는 이야기도 적습니다.

 가 보여주는 요리일기★★

8월 2일 월요일   날씨 해님 너무 뜨거워요!

제목 시원시원한 팥빙수

아침부터 땀이 줄줄 흐른다.

엄마는 너무 덥다며 "우리 시원한 팥빙수 먹을까?", 난 "좋아요!!"

나는 너무 신이 나서 풀짝풀짝 뛰었다.

엄마는 나에게 과일을 썰어달라고 하셨다. '수박, 바나나, 키위'

모두 내가 좋아하는 과일이다. 난 케이크 칼로 '쓱싹쓱싹',

모양이 모두 제멋대로였다. 예쁘게 썰고 싶었는데.

엄마가 얼음을 빙수기계에 넣고 '씽씽' 돌렸더니 얼음가루가 만들어졌다.

꼭 흰눈 같았다. 예쁜 그릇에 얼음가루를 담고, 수박, 바나나, 키위, 단팥,

떡으로 장식했다. 그 위에 연유와 우유를 엄마가 부어주셨다.

"와! 팥빙수 완성!" 팥빙수를 섞어 입에 넣자, 입안에 한겨울이 온 것 같았다.

다음엔 아빠도 만들어 드려야지.

12월 20일 월요일   날씨 좀 추운 날

제목 스파게티

큰이모와 지민이가 온다고해서 스파게티를 먹기로 했다.

그런데 못 온다는 전화가 와서 슬펐다. 학교가 끝나고 아빠가 데리러 오셔서

기분이 좋아졌다. 아빠랑 이야기도 많이 나누었다.

집에 오니 스파게티 냄새가 솔솔 풍겼다. 맛있는 스파게티를 먹어보았더니

새콤달콤 너무 맛있어서 두 그릇이나 먹었다. 아주 배불리 먹었다.

아빠는 스파게티가 느끼해서 조금만 드셨다. 동생은 감기 때문에 잘 먹지

못했었는데, 스파게티는 좋아하는 음식이라 많이 먹었다.

버섯은 말랑말랑 했다. 엄마표 스파게티가 최고다.

11월 15일 일요일   날씨 밤낮으로 추운 날

제목 김치김밥 만들기

숙제 덕분에 김밥을 만들 수 있었다.

김밥에 김치를 넣었는데 김치에서 아삭아삭 소리가 나서 더 맛있었다.

동생도 싸고, 엄마도 쌌는데 아빠만 안 쌌다. 김밥은 옆구리가 자꾸만 터졌다.

옆구리가 터진 건 아빠가 먹었다. 엄마가 다음에는 참치를 넣은 김밥을

만들자고 하셨다. 김밥만 생각하면 기분이 너무나 좋다.

다음에도 이런 숙제가 자주 있었으면 좋겠다.

오늘은 준수네 대청소날이에요. 오랜만에 창고까지 정리하기로 했지요. 준수는 아빠와 함께 창고에 들어갔어요. 창고에는 오래된 옷이며 가방, 잘 사용하지 않는 그릇, 녹음기 등이 있었어요. 오래된 책도 많았지요. 준수는 책들을 정리하다가 아주 신기한 책을 발견했어요. 누렇게 바랜 책이었는데 한쪽 귀퉁이가 실로 묶여 있는 책이었지요.

"아빠, 이 책은 뭐예요?"

아빠는 준수가 찾은 책을 보더니 환하게 웃으며 말했어요.

"오, 그 책 참 오랜만이구나. 아빠가 어릴 때 네 할아버지께 받았던 책이야."

준수는 책을 펼쳐보았어요. 한문으로 적혀 있어서 무슨 말인지 알 수가 없었지요.

"무슨 내용인 거예요?"

"우리 집안 조상들에 대한 이야기가 쓰여 있다는데 아빠도 잘 몰라."

준수는 갑자기 생각나는 게 있었어요.

"아빠, 이거 가보예요?"

"가보?"

"네. 우리 집안 보물!"

"허허허, 그런 걸 어떻게 알았니?"

"저번에 텔레비전에서 보니까 사람들이 이렇게 오래된 물건들 가지고 나와서 그러던데요?"

"그렇구나. 그래, 그게 우리 집 가보다."

아빠가 웃으며 말했어요. 준수는 가슴이 두근거렸어요. 가보라는 걸 알고 나니 무슨 내용이 적혀 있을지 궁금했거든요.

청소를 마친 후 준수는 몇 번이고 책을 들여다보았어요. 그리고 결심했지요.

'한자를 배워서 무슨 내용인지 알아낼 거야.'

준수는 보물찾기를 시작하는 기분이 들었어요.

준수는 당장 엄마와 함께 한자 책을 사러갔어요. 엄마는 방긋방긋 웃으며 스스로 한자공부를 하겠다고 나선 준수를 기특해했지요. 준수는 어떤 책을 살까 고민하다가 천자문을 골랐어요.

집으로 돌아온 후 준수는 하루에 한자씩 외우기로 마음먹었어

요. 한 자, 한 자 꾹꾹 눌러 쓰는 법도 익히고 뜻과 소리가 다른 한자를 노래 부르듯 외우기도 했지요. 하지만 시간이 흐를수록 준수는 한자가 어렵게 느껴졌어요. 그때 일기장에서 지니가 기지개를 켜며 나왔어요.

"공부하는 거야? 공부하는 시간 아니잖아?"

지니는 준수의 생활계획표를 보며 고개를 갸웃거렸어요. 준수가 말했지요.

"한자공부 하는 거야. 내용을 꼭 알고 싶은 책이 있는데 한자로 써 있거든."

"한자? 한자는 꼭 그림 같지. 모양을 따서 만든 글자가 많아서 그래."

"지니 너, 한자에 대해 아는 거야?"

"잘은 몰라, 히히. 오늘은 한자일기로 나에게 한자 이야기를 들려주는 건 어때?"

"나 아직 한자 모르는데……."

"그러니까 일기를 쓰면서 즐겁게 외우는 거지!"

"그래? 좋아. 그럼 어디 한 번!"

준수가 웃으며 일기장을 펼쳤어요.

8월 4일 수요일   날씨 너무 더워 숨이 턱턱 막혀요

제목 한자공부를 하다

'천자문' 책을 샀다. 千字文이라고 쓰는데

'일천 천', '글자 자', '무늬 문'자다. 한자가 천 개나 들어가 있는 책이다.

오늘은 '하늘 천(天)'과 '땅 지(地)'를 외웠다.

'하늘 천'자는 '큰 대(大)'라는 글자 위에 한 일(一)자가

붙여진 거라고 한다. 사람이 서 있는 모양(大)에 그 위로 끝없이

펼쳐져 있는 하늘(一)의 뜻을 합한 글자로 '하늘'이라는 뜻이다.

한자에 이런 이야기가 숨어 있다니 신기하다.

앞으로도 재미있게 한자공부를 해야겠다.

한자일기 란 한자로 된 단어나 사자성어, 고사성어 등을 함께 섞어서 쓰는 일기입니다.

한자책 이나 주변에서 흔히 볼 수 있는 한자 를 이용하여 소재를 찾으면 좋습니다.

❶ 거리를 지나가다보면 한자로 써진 **간판**을 쉽게 찾아 볼 수 있습니다. 한자를 메모해 두었다가 사전을 찾아 그 가게의 이름을 알아봅니다.

❷ 한자 공부를 하고 있다면 **오늘 외운 한자**를 중심으로 일기를 써봅니다. 예를 들어 '川(내 천)'자를 배웠다면 그 한자가 어떻게 나오게 되었는지 조사하고, 한자가 들어가는 지명을 찾아서 함께 적습니다.

❸ **사자성어** 책을 통하여 알게 된 한자를 쓰고, 그 사자성어가 어떤 경우에 사용되는지 그 예도 적어 봅니다.

❹ **신문기사**를 보면 많은 한자가 나옵니다. 그중에 모르는 한자나 어려운 한자를 찾아 그 한자의 뜻과 소리, 유래 등을 함께 적어봅니다.

8월 4일 수요일   날씨 바람 없고, 해만 쨍쨍

제목 천고마비 계절이 왔으면!

天高馬肥(하늘 천, 높을 고, 말 마, 살찔 비). 난 이 말이 참 좋다.

요즘처럼 푹푹 찌는 여름(夏)에는 더욱 그렇다.

보통 천고마비의 계절(季節)이라고 하면 가을이라고 한다.

시원해지고 선선해지니 음식(飮食)을 자주 먹게 되어

이런 말이 나온 줄 알았는데 사실 이 말이 처음 나온 건 흉노족이라는

중국(中國)의 옛 종족 때문이라고 한다.

흉노족에게는 말(馬)이 있었다. 광활한 초원(草原)에서 키우다보니

말들은 풀(草)을 잘 먹을 수 있었다.

그 중에서도 가을(秋)에는 살이 더 통통하게 올라 튼튼해진 말(馬)을 타고

노략질을 했다고 한다. 이때부터 천고마비라는 말이 나왔다고 한다.

한자에 이런 이야기가 숨어있다니, 놀라웠다.

4월 16일 금요일   날씨 봄비에 풀잎들이 싱글싱글

제목 왜 어(魚)가스, 우(牛)가스는 없지?

아침에 아빠가 "와~ 오징어다. 지민이 좋아하는 오징어가스야."

나는 "오징어돈가스……?" 아빠가 "아니, 오징어가스."

내가 "그러니까 오징어돈가스." 아빠가 "돈가스는 돼지 돈(豚)을 써서 돈가스잖아.

그래서 돈육(豚肉)이 돼지고기잖아." 내가 "아하, 그렇구나. 그럼 생선가스는

어(魚)가스, 소고기가스는 우(牛)가스 아닌가?"

아빠가 "그래, 우리 지민이 말이 맞다." 하시면서 크게 웃으셨다.

아빠랑 이렇게 한자 공부도 하니 너무 재미있다. 우리 아빠는 정말 재미있고

자세하게 잘 가르쳐 주시는 멋진 선생님이다.

5월 12일 수요일   날씨 아카시아 향기가 바람에 날려 들어와요

제목 원상복귀(原狀復歸)

문제를 보고 그대로 해봐.

오른쪽 도형을 위로 2번! 뒤집기?

뒤집었니?

아니요. 90도씩 4번 돌리면……

어떻게 되었을까?

똑같네!

맞아. 원상복귀야.

원상복귀?

원래상태로 돌아간다는 뜻이야.

아! 그렇구나.

원상(原狀)은 있던 그대로의 모습이라는 뜻이고, 복귀(復歸)는

원래의 자리나 상태로 돌아간다는 뜻이지.

엄마랑 수학공부를 하다가 원상복귀에 대해 알게 되었다.

이렇게만 공부하면 쉬울 텐데…… 정말 어렵다.

토요일 아침, 준수는 늘 그랬듯 아빠와 함께 주말농장에 갔어요. 부쩍 자라난 상추와 고추를 보고 있을 때, 할머니가 멀리서 손짓했지요.

"준수야, 이리 와 보렴!"

준수는 아빠와 함께 할머니에게로 갔어요. 할머니는 집으로 준수와 아빠를 데리고 들어갔어요. 집에는 한쪽 눈과 등 언저리에 갈색 점박이가 박힌 강아지가 있었어요.

"할머니, 웬 강아지예요?"

"옆집에서 낳은 강아지인데 할머니가 우리 준수 주려고 하나 데려왔지."

"정말요? 아빠, 키워도 되요? 우리가 키워요?"

"그래. 엄마한테도 이미 허락 다 받아 놨다. 대신 네가 정말 잘 돌봐야 해."

"네! 저 잘 할 수 있어요!"

준수는 크게 대답했어요.

강아지를 데리고 집으로 돌아오자 준희와 엄마도 강아지를 쓰다듬으며 귀여워했어요. 준수는 가족과 이야기한 끝에 강아지의 이름을 '아지'라고 하기로 했지요.

아지는 꼬리를 살랑살랑 흔들며 짧은 다리로 뒤뚱뒤뚱 걸어다녔어요. 바닥이 미끄러운지 앞발이 일자로 펼쳐지며 넘어지기도 했지요. 준수는 아지를 꼭 끌어안으며 말했어요.

"아, 귀여워라!"

준수는 방학숙제를 할 때도, 학원에 가서 공부를 할 때도, 심지어 화장실에서 똥을 누고 있을 때도 아지가 보고 싶었어요. 아지의 모든 것을 알고 싶은 마음뿐이었지요. 준수는 공책귀퉁이에 아지와 닮은 그림을 그려 넣으며 실실 웃었어요.

늦은 저녁이 되자 엄마는 울타리를 쳐 놓은 곳에 강아지 집을 넣어두고 아지를 그 안에 넣었어요. 준수는 울타리 안을 들여다보며 시간을 보냈지요. 그러다보니 일기 쓸 시간을 훌쩍 넘기고 말았어요. 방으로 들어가니 지니가 팔짱을 끼고 입술을 툭 내민채로 준수를 기다리고 있었어요.

"아, 미안, 미안. 강아지가 너무 귀여워서 그랬어."

"강아지라고?"

"응, 할머니가 얻어다 주셨어. 얼마나 귀여운지 몰라!"

지니는 여전히 뽀로통한 표정으로 준수를 보며 말했어요.

"난 강아지 싫은데. 녀석들은 아무거나 물어뜯는단 말이야."

"걱정 마. 우리 아지는 안 그럴 거야."

"흥."

지니가 여전히 고개를 돌리자 준수가 지니의 얼굴을 보며 말했어요.

"기분 풀어. 내가 우리 아지 이야기 들려줄게. 나 오늘 아지 뒤꽁무니만 쫓아다녔잖아."

그러자 지니가 준수를 힐끗 쳐다보며 물었어요.

"정말 그렇게 귀여워?"

"응, 그렇다니까?"

지니가 준수 쪽으로 몸을 돌리며 말했어요.

"그럼 어디, 단어그림일기로 보여줘봐."

"단어그림일기? 그게 뭔데?"

그러자 지니가 단어그림일기에 대해 이야기를 들려주었어요.

가 쓰는 단어그림일기 ★

8월 6일 금요일　날씨 ☁ 몽글몽글

제목 우리 🏠에 아지가 왔어요

우리 🏠에 🐕가 생겼다. 👵가 주신 거다.

나는 🐕의 이름을 '아지'라고 지어주었다.

아지는 🐕 이렇게 생겼다. 점 있는 부분 빼고는 모두 하얗다.

크기는 내 ✋보다 조금 더 크다. 아직 👶라서 그런 거다.

👁은 까맣고 둥그랗다. 꼭 🐄 👁을 보는 것 같다.

나는 🐕를 처음 키우는 거라 아지가 신기하기만 하다.

아지는 걸을 때 🐾를 뒤뚱거린다. 그러면서도 🐈를 살살 흔든다.

그럴 때 보면 너무 귀엽다. 앞으로 아지를 더 많이 귀여워해줘야지.

단어그림일기 란 특정 낱말을 그림으로 재미있게 표현하는 일기입니다.

단어 를 그림 으로 그릴 수 있는 것이면 단어그림일기의 소재가 될 수 있습니다.

❶ **영화**를 본 후 그 주인공에 대한 이야기를 단어그림일기로 표현해 봅니다. 주인공 캐릭터를 직접 그려보며 그림으로 표현할 수 있는 단어를 그림으로 그립니다.

❷ **동물**이 나오는 일기는 단어그림일기로 표현하기 쉽습니다. 예를 들어, '○ 를 ▦에서 봤다. 그런데 ◉이 꼭 화가 난 것 같았다. ○ 머리에 ✎이 날 것만 같았다' 등으로 동물을 직접 그려보기도 하고 그 동물이 한 행동 등을 적습니다.

❸ **계절**에 대한 일기는 단어그림일기를 쓰기에 좋습니다. 예를 들어, '가을은 ✿이 많다. 꼭 ☺의 ✋ 같았다' 등으로 표현할 수 있습니다.

❹ **날씨**도 단어그림일기로 쓸 수 있습니다. 날씨 쓰는 란 외에도 오늘 날씨에 대한 이야기를 하며 몇 단어를 그림으로 표현해 봅니다.

 가 보여주는 단어그림일기★

8월 6일 금요일 날씨  없이 맑음

제목 ● 이 따라온 날

시골에 갔다. 😗 , 😊 , 😄 이렇게 셋이 🚗 를 타고 갔다.

그런데 가는 도중에 밤이 되었다. 깜깜했다.

그런데 🚗 밖으로 ● 이 보였다.

☁ 은 하나도 없었다.

하늘에서 반짝반짝 빛나는 ☆☆ 도 보였다.

● 과 ☆☆ 이 자꾸만 😄 를 따라오는 것 같았다.

하늘 구경을 하다보니 벌써 시골에 도착했다.

😄 는 ● 에게 "잘 자!"라고 인사했다.

6월 4일 금요일   날씨 🍧이 생각날 정도로 더워요

제목 소원이 이루어졌다

내 소원은 [지인]이를 우리 🏠에 데리고 오는 것이다.
[태권도]가 끝나고 🏠에 가려다, 고모네 🏠으로 가야 할 것 같아 고모 🏠 방향으로
가려는데 [지인]이를 만났다. 너무 반가워 [지인]이를 데리고 🏠으로 갔다.
조금 더운 것 같아 🍊🍧을 먹었다. 지인이가 🍊🍧이 🕐처럼
차갑다고 했다. 그런데 나는 별로 차갑지 않았다. 친구들을 우리 🏠에 데리고
오고 싶었는데 [지인]이 때문에 나의 소원이 이루어졌다.

6월 19일 토요일   날씨 하루종일 하늘이 운다

제목 ✈=

혼자 리무진 🚌를 타고 인천공항으로 갔다. 🚌를 혼자 타는 것이어서
설레이기도 하고 무서웠지만, 타보니 무섭지 않았다. 조금 시간이 지나니
졸음이 쏟아졌다. 그런데 🏠🌳에서 먹은 🎲🍅 때문인지
(x)가 살살 아파왔다.
공항에 도착하니 [남자아이]가 서 있었다. [여자아이]랑 약속했다고 한다.
공항에 도착해서 🎁도 사고, [남자아이]가 (x)도 고프다고 해서
🍕랑 🥤를 먹었다. 먹고나니 ✈=탈 [준비]이 되었다.
공항은 정말 크고 멋있었다. [남자아이]와의 첫여행~ 태국으로 출발~

"차 조심하고, 공원 밖으로는 나가지 말
고. 알았지?"

엄마 말에 준수는 고개를 끄덕였어요.

준수는 등에는 탱탱볼이 든 가방을 메고,
한 손에는 아지 목줄을, 다른 한 손에는 준희
의 손을 잡고 밖으로 나갔어요.

공원에는 많은 사람이 있었어요. 운동복을
입고 열심히 걸어 다니는 사람도 있었고, 자
전거나 인라인 스케이트를 타고 다니는 사람
도 있었지요. 준수처럼 강아지를 데리고 나
온 사람도 있었어요. 준수와 준희는 아지와
함께 공원을 뛰어다녔어요. 가방에 넣어온
탱탱볼을 던지며 놀기도 했지요. 아지는 공
놀이를 아주 좋아했어요.

한참을 뛰놀던 아지가 갑자기 멈칫하더니
쭈그려 앉아 똥을 누었어요. 준수는 가방에
서 검은 비닐봉지를 꺼냈어요. 그리고 엄마
가 그랬던 것처럼 비닐봉지에 손을 넣어 조

심스럽게 아지의 똥을 넣었지요.

"윽, 똥 봉지 됐다."

준수가 봉지를 들고 얼굴을 찌푸리며 말하자, 준희가 까르르 웃었어요.

준수와 준희는 쓰레기통을 찾아보았어요. 그런데 이미 쓰레기 통에는 쓰레기가 가득 차 있었지요. 준수와 준희는 반대편으로 걸어가 보았어요.

반대편 잔디밭에 도착한 준수는 깜짝 놀랐어요. 이곳저곳에 쓰레기가 아무렇게나 버려져 있었어요. 빈 음료수 캔과 과자봉 지들이 바닥에 버려져 있었지요. 김밥을 먹고 치우지 않은 은박 지도 잔디밭 위에 그대로 놓여 있었고요. 심지어 호수에는 비닐 봉지가 둥둥 떠다니고 있었어요. 그때 아지가 누군가 씹다 뱉은 껌을 덥석 먹었어요.

"야, 뱉어, 뱉어!"

준수가 외쳤지만 아지는 이미 꿀꺽 삼켰어요. 준수는 속상했 어요.

"아니 왜 사람들은 아무 데나 쓰레기를 버리는 거야?"

준수는 쓰레기통에 가까이 다가갔어요. 잔디밭 쓰레기통도 이미 넘쳐 있었지요. 준수는 아지의 똥이 담긴 봉지를 집에 가서 버리기로 했어요.

집에 도착하자 준수는 오늘 있었던 일을 지니에게 말해주었어요. 지니는 고개를 끄덕이며 심각하게 준수의 말을 들었지요. 지니도 걱정스러운 얼굴로 말했어요.

"사람들은 자연이 얼마나 소중한 지 잊고는 하지. 쓰레기천국이 되면 나도 생겨나지 못할 텐데 말이야."

"너도? 어째서?"

"종이는 다 나무로 만든 거잖아. 그런데 나무가 못 크면 어떻게 되겠어?"

그러고 보니 주변에는 나무로 만든 게 많은 것 같았어요. 의자도 그렇고 책상도 그렇고, 연필도 그렇고…….

"환경보존은 정말 중요한 거야. 자연 없이는 살 수 없으니까."

준수는 고개를 끄덕이다가 갑자기 좋은 생각이 떠오른 듯 지니에게 말했어요.

"좋아! 오늘은 환경일기다!"

준수의 말에 지니가 눈을 동그랗게 뜨고 쳐다보았어요.

 가 쓰는 환경일기★

8월 10일 화요일   날씨 햇볕은 쨍쨍! 모래알은 반짝!

제목 쓰레기밭을 만들지 말자!

아지를 산책시키려고 공원에 나갔다. 사람들이 참 많았다.

아무 곳에나 쓰레기를 버리는 사람도 많았다.

파릇파릇한 잔디와 나무들로 푸르러야 할 공원이 쓰레기로 가득 차 있었다.

전에 텔레비전에서 보니 쓰레기를 아무 데나 버리는 사람들은

'나 하나쯤이야 괜찮겠지' 하는 생각으로 버리는 거라고 했다.

나는 아무리 작은 쓰레기라도 함부로 버리지 않아야겠다고 다짐했다.

엄마 아빠께도 우리 쓰레기는 우리가 정리하자고 말씀 드려야지.

"쓰레기는 쓰레기통에! 자기 쓰레기는 자기가 책임집시다."

환경일기 란 환경의 소중함을 생각하며 쓰는 일기입니다.

환경일기의 소재 ★

자연 을 떠올리면 소재를 찾기가 쉽습니다.

❶ 사람들이 공기가 나쁘다고 하는 이유에 대해 생각해 본 후 원인을 조사하여 적습니다. **대기오염**을 피하기 위해서 내가 할 일은 무엇인지도 함께 씁니다.

❷ **수질오염** 강이나 바다에 놀러가서 주변에 오염된 곳이 있는지 살펴봅니다. 있다면 왜 오염되었는지, 어떻게 하면 막을 수 있을지 자신의 생각을 씁니다.

❸ 남극의 얼음이 녹고, 여름에는 폭우가 자주 쏟아지는 이유를 **지구온난화**와 연결시켜 일기를 씁니다. 자신의 생각이나 느낌이 잘 드러날 수 있도록 씁니다.

❹ **황사**에 대한 자신의 경험을 적고, 주변을 묘사합니다. 황사의 원인과 앞으로 막지 않으면 어떻게 될지 생각해 본 후 일기를 씁니다.

8월 10일 화요일   날씨 뜨거운 햇살 가득

제목 소중한 물

아빠랑 한강에 축구하러 갔다가 나는 깜짝 놀랐다.

이상한 냄새가 났기 때문이었다. 아빠는 강물에서 나는 냄새라고 했다.

그러고 보니 강물 색깔이 이상했다.

녹색 같기도 하고, 황토색 같기도 하고…….

원래 강물 색깔은 투명해야 맞는 게 아닌가?

아주 오래 전 옛날에는 한강물을 바로 떠다 마셔도 될 정도로

깨끗했다고 하던데 지금은 아닌가 보다. 그게 모두 환경은 생각하지 않고,

아무 곳에나 폐수를 버리고, 물을 오염시키며 개발을 했기 때문이란다.

이러다가 마실 물도 없어지면 어떡하나, 걱정이 되었다.

앞으로 사람들이 물을 조금 더 소중히 생각하여 물 한 방울도

아껴준다면 좋겠다.

8월 13일 목요일   날씨 모자, 썬글라스를 안 쓰면 눈이 부셔요
제목 기후전

기후전을 보러 다녀왔다. 1층에 북극곰이 있었다.
우리가 쓰레기를 함부로 버려 북극에서 사는 동물이 많이 죽어가고 있다고 한다.
북극곰이 너무 불쌍했다. 환경이 망가지면서 지구 온난화가 진행되고,
지구가 점점 따뜻해져 빙하가 많이 녹게 된다고 했다.
그래서 북극곰이 살 수 있는 곳이 점점 줄어든다. 나도 이젠 쓰레기도
함부로 버리지 않고, 환경을 아끼는 노력을 해야겠다는 생각을 했다.

8월 22일 토요일   날씨 무더운 날
제목 제부도 쓰레기 줍기(봉사활동)

아빠랑 단둘이서 쓰레기를 줍기 위해 제부도에 갔다.
제일 많은 곳은 돌 사이사이였다. 힘들었다.
힘드니까 봉사겠지. 그래도 재미있었다.
쓰레기가 정말 많아서 10봉지도 더 주웠다.
조개를 줍고 싶었지만 쓰레기 때문에 조개는 못 주웠다.
쓰레기가 없어지니 마음이 기쁘고, 속이 시원했다.
사람들이 놀러와 자기 쓰레기는 자기가 가지고 돌아갔으면 좋겠다.
나도 환경에 대해 다시한번 생각할 수 있는 하루였다.

저녁을 먹고 과일까지 먹은 후, 준수는 방으로 들어갔어요. 문을 꼭 닫고 일기장을 꺼냈지요. 일기장을 열자 지니가 기지개를 켜며 밖으로 나왔어요.

"아흠, 잘 잤다! 오늘은 무슨 이야기를 들려줄 거야?"

"오늘 학원에서 있었던 일 쓸 거야. 내 친구 성호 녀석 있잖아. 걔 오늘 교실에서 방구 뀌어 가지고 아주 냄새 나서 죽을 뻔했어. 완전 스컹크야."

준수와 지니는 함께 키득거렸어요. 그런데 그때, 준수의 옷장 문이 벌컥 열리더니 준희가 불쑥 나왔어요.

"야! 박준희, 네가 왜 거기에 있어?"

"숨바꼭질…… . 근데 저, 저게 뭐야?"

그제야 준수는 준희가 지니를 바라보고 있다는 것을 깨달았어요. 준수가 대답했어요.

"아, 그러니까 이게 뭐냐면……."

"유령이야?"

준희가 울 것 같은 표정을 지었어요. 준수는 재빨리 말했지요.

"아니야, 유령이 아니라 내 친구야. 일기장 속에 사는 지니라는 앤데, 일기장 속에서 내 이야기를 먹고 사는…… 음, 그러니까 요정 같은 애야."

"요정?"

준희의 표정이 금세 밝아졌어요. 지니가 상냥하게 웃으며 손을 흔들자 준희도 손을 흔들며 웃음을 지었어요. 준희가 지니에게 물었지요.

"이야기를 먹고 살아?"

"응, 이야기가 맛있을수록 나도 건강해지지."

지니의 대답에 준희가 눈을 반짝이며 준수에게 말했어요.

"오빠, 나도 일기 쓸래."

"뭐?"

"나도 지니한테 이야기 줄 거야."

"넌 안 돼. 이건 내 일기장이잖아."

준수의 말에 준희가 다시 울 듯 한 얼굴이 되었어요. 그러더니 칭얼대기 시작했지요.

"쓸래, 나도 쓸 거야."

"내 일기를 왜 네가 써?"

"쓸래! 쓸래!"

그러자 지니가 둘을 말리며 말했어요.

"이러지 말고, 가족일기를 쓰는 게 어때?"

"가족일기라고?"

"그래, 가족일기라면 준희가 이야기 속 주인공이 되는 거지. 어때?"

"내가 주인공?"

준희의 물음에 지니가 고개를 끄덕거리자 준희가 환하게 웃으며 준수에게 말했지요.

"오빠, 나 가족일기 좋아! 가족일기 써."

"그거 어떻게 써야 하는 건데?"

준수의 말에 지니가 대답했어요.

"좋아, 그럼 내가 알려주는 대로 해 봐."

8월 11일 수요일 날씨 첨벙첨벙 물놀이 하고 싶다

제목 내 동생 박준희

내 동생 이름은 박준희이다. 여동생이고 여섯 살이다.

준희는 나를 무척 좋아한다. 내가 하는 건 다 따라 한다.

준희는 내 장난감을 함부로 가지고 논다. 나한테 자꾸 혼이 나는데도

꼭 그런다. 준희는 제멋대로여서 나를 자주 화나게 한다.

엄마는 준희가 어려서 그런 거라고 했다. 엄마 말이 맞는 것 같다.

준희는 말도 나만큼 잘 하지 못하고, 잘 뛰다가도 가끔 넘어지기도 한다.

가끔 준희가 나를 화나게 해도, 나는 내 동생을 잘 돌봐줘야겠다.

내 소중한 동생이니까.

가족일기 란 가족에 대한 일기입니다. 가족 구성원을 소개하거나 가족들이 돌아가며 쓰기도 합니다.

가족일기의 소재★

가족 구성원 을 한 명씩 떠올리면 소재를 찾기 쉽습니다.

❶ 이름이나 나이, 성별, 직업, 좋아하는 것, 싫어하는 것 등을 **소개**하는 식으로 적어봅니다. 사진이나 그림을 이용하는 것도 좋습니다.

❷ 가족 중 한 사람의 **하루 일과**를 살펴봅니다. 예를 들어, 평일 아빠의 일과가 아침밥 먹고, 회사에 가서 저녁 늦게 돌아와 텔레비전을 조금 보다가 잠자리에 드는 것이라면, 그 모습을 보며 나는 어떤 느낌을 받았는지, 내가 아빠라면 어떨지 적어봅니다.

❸ 내가 생각하는 가족들의 **장점과 단점**을 적어봅니다. 나와 가족의 사이가 어떤지도 적습니다.

❹ 내가 쓰는 일기가 아닌, **가족이 쓰는 일기** 형식으로 쓰는 것도 좋습니다. 가족이 한 자리에 모여 평소 가족들이 나에 대해 어떻게 생각하는지 돌아가며 생각을 적습니다.

8월 11일 수요일   날씨 해님이 지글지글

제목 우리 형아!

난 우리 형아가 참 좋다. 그래서 '형'이라고 하지 않고 '형아'라고 한다.

사촌형이라 자주 볼 수 없는 것이 너무 속상하다.

난 형아가 참 좋다.

형아가 나보다 5살이나 많아 형아 옷들은 모두 내 차지다.

형아 장난감도 곧 모두 내 것이 될거다.

지금 가장 기다리고 있는 건 '건담!!'

내가 좋아하는 형아 것이라 난 더 좋다.

집으로 놀러오면 형아가 건담 만질 수 있게 해준댔다.

일요일에 꼭 놀러가자고 해야겠다.

형아야! 다음에 만나면 나랑 재미나게 놀자!!

준수의 친구들이 보여주는 가족일기★

11월 9일 화요일   날씨 우산이 필요한 날

제목 동생의 발

목욕을 하면서 동생의 발을 씻겨 주었다.
동생 발은 부드럽고, 작으며 귀여웠다.
복숭아 껍질과 색이 같았다. 비누를 발에 문질러 주었더니 간지럽다고
'하하하' 웃었다. 덩달아 나도 웃었다.

3월 15일 월요일   날씨 비가 막 주룩주룩 온다

제목 내 동생 양보 잘하는 점수는? 0점, 양보 못하는 점수는? 100점

나랑 5살 차이나는 내 동생. 고모가 동생에게 막대사탕을 주셨다.
고모가 나누어서 먹으라는 것이었는데 자기 혼자 먹으면서 "누나 이거 먹어."라는
소리도 안한다. 어제가 화이트데이라서 마트에서 사탕을 많이 팔았다.
너무 맛있어 보여서 아빠한테 사달라고 했지만 돈이 없다고 안 사주셨다.
동생은 욕심쟁이, 고모가 다른 사탕을 주셨다. 내가 싫어하는 사탕이었다.
그래서 내가 엄마, 아빠에게 말하는데 동생이 자기 먹던 사탕을 주어서
조금 동생이 미웠다.
동생의 배려심 점수는? 심사위원 1-0점, 심사위원 2-0점, 심사위원 3-0점

"아무한테도 말하지 마."

준수는 준희에게 몇 번이고 다짐을 받아냈어요. 하지만 영 미덥지 않았지요. 준수는 준희 몰래 일기장을 준희의 키가 닿지 않는 곳에 끼워놓았어요. 학원에 가 있을 시간 동안 준희가 일기장을 열어 보지 못하게 숨겨둔 것이었지요.

학원을 마치고 집으로 돌아오자마자 준수는 방으로 들어갔어요. 준희가 아지와 함께 준수 방에 있었지요. 준수는 준희 앞으로 다가갔다가 깜짝 놀라 소리쳤어요.

"박준희, 너!"

준희 앞에는 준수의 일기장이 너덜너덜 뜯겨져 있었어요. 준수는 재빨리 일기장을 그러모았어요.

"아지가 그랬어, 아지가!"

"네가 일기장 꺼냈으니까 그런 거 아냐?!

나가!"

준수는 씩씩거리며 준희와 아지를 방에서 몰아냈어요. 그리고는 주저앉아 일기장을 펼쳐보았지요. 하지만 지니는 나오지 않았어요. 준수가 일기장을 닫았다가 다시 펼쳤지만 마찬가지였지요. 준수는 눈물이 나올 것만 같았어요. 그때 일기장에서 꿈틀꿈틀, 지니가 빠져나왔지요. 지니도 일기장처럼 온몸이 너덜너덜했어요. 마치 누더기 옷을 입은 것처럼 말이지요.

"지니야! 미안해. 박준희가……."

"네 동생 없었으면 난 진짜로 사라졌을 거야."

준수가 지니를 쳐다보았어요.

"그게 무슨 소리야?"

"아까 준희가 나를 부르더라고. 그래서 일기장 밖으로 나가려고

했지. 그런데 책 사이에 끼어 있어서 제대로 나올 수가 있어야 지. 준희한테 도와달라고 해서 일기장을 꺼냈는데 그만 강아지 녀석이 나를 물고 늘어지지 않았겠어? 준희가 빨리 빼내지 않았 다면 너와 이렇게 만나지도 못했을 거야."

지니의 이야기를 들은 준수는 준희에게 미안했어요. 제대로 알아보려고 하지도 않고 준희를 몰아붙였던 게 미안했지요.

준수는 우선 뜯어진 일기장을 테이프로 붙였어요. 그래도 지 니는 기운이 없어보였지요. 그때 방문을 두드리는 소리가 났어 요. 준수가 문을 열자 준희가 있었지요. 준수는 아지가 없다는 것을 확인하고 문을 열어주었어요.

준희는 들어오자마자 지니의 모습을 보더니 눈물을 뚝뚝 흘렸 어요. 지니가 살포시 웃으며 말했어요.

"아까는 도와줘서 고마웠어, 준희야."

그러자 준희도 눈물을 닦으며 씩 웃어 보였지요. 하지만 준수 는 난감하기만 했어요.

"지니 네가 왠지 기운이 없는 것 같아. 어쩌면 좋지?"

"너희가 나를 기운나게 할 방법이 하나 있는데 해 볼래?"

준수와 준희는 지니를 보며 고개를 끄덕였어요.

"응! 해 볼래. 어떻게 하면 돼?"

"바로 상상일기를 쓰는 거야. 이야기를 먹고 사는 나, 지니!
상상 이야기는 보약이나 다름없다고!"
　　지니의 말에 준수는 연필부터 찾아들었지요.

가 <u>쓰는</u> 상상일기★☆

8월 12일 목요일 날씨 땀이 비오듯 흐른다

제목 내가 온 몸이 하얀 유령이라면?

내가 유령이 된다면 얼마나 재미있을까?

유령이 되면 난 우선 친구 성호네 집까지 순식간에 날아갈 거다.

성호네 집은 15층인데 내가 창문 밖에서 슬슬 나타나면

성호는 아마 기절할 지도 모른다. 그러면 난 막 웃을 거다.

그리고 학교에 가서 선생님 책상 서랍에 숨어 있다가

선생님도 놀래켜 줄 거다.

하지만 조심해서 돌아다녀야 할 것 같다. 엄마가 변한 내 모습을 본다면

슬퍼할 지도 모르니까 말이다.

상상일기 란 오늘 있었던 일을 중심으로 재미있는 상상을 보태어 동화 속 이야기처럼 쓰는 일기입니다.

상상일기의 소재★

자신의 상상력 을 바탕으로 하여 무엇이든 쓸 수 있습니다.

❶ **동화책을 읽거나 영화를 본 후, 내가 주인공이라면** 어떻게 했을지 상상해 봅니다. 예를 들어 해리포터처럼 마법을 쓸 수 있다면, 누구에게 어떻게 쓰고 싶은지, 마법빗자루를 탄 기분 등을 상상한 후 적습니다.

❷ **내가 만나고 싶었던 사람이나 동물을 만난다면** 어떻게 할지 상상하여 적습니다. 그 사람의 어떤 모습이 좋았는지, 만나면 무슨 일을 할 것인지 상상한 내용을 적어봅니다.

❸ 거꾸로 나라에 간다면 또는 외계인 나라에 간다면 등 **상상 속 나라**에 간 자신의 모습을 적습니다.

❹ **미래의 자신은 어떤 사람**이 되어 있을지 상상하여 적습니다. 또한 진짜 그런 모습이 되기 위해서는 어떤 노력을 해야 하는지도 생각하여 적습니다.

8월 12일 목요일   날씨 그냥 나가면 흑인이 될 것 같아요

제목 아이스크림 나라에 간다면!

요즘 너무 덥다. 아이스크림 나라가 있었으면 좋겠다는 생각을 했다.

아이스크림 나라에는 바닐라맛, 딸기맛, 초코맛, 멜론 맛 등

맛이 다른 여러 개의 아이스크림 동산이 있을 거다.

모두 그 언덕에 얼굴을 파묻고 아이스크림을 먹을 수 있다.

아이스크림 나라라 추울 수 있어서 스키복 같이 두꺼운 옷을 입고

가야한다. 길도 아이스크림이라서 스키를 타고 돌아다녀야 한다.

스키를 타다가 목이 마르면 손으로 떠서 바로 아이스크림을 맛볼 수

있다. 그리고 딸기맛 아이스크림으로 눈사람을 만들 거다.

'분홍색 눈사람' 생각만 해도

정말 예쁘다!

6월 14일 월요일   날씨 더운 날!

제목 악어 입의 상상

이것은 내가 본 악어쇼이다.

아저씨가 악어의 입에 손과 머리를 넣었다. 악어가 입을 다물까봐 정말 무서웠다.

그래서 내가 아저씨 입장이 되어 혀도 만지고, 손을 넣고, 머리도 넣으니까

머리는 어질어질, 손은 비린내, 혀는 침이 뚝뚝.

악어 입은 길고 커서 무서운 마음에 손도 살살 못 빼고

팍 뺄 것 같다. "악어야! 너 너무 무서워~."

10월 9일 금요일   날씨 선선한 날

제목 이 책의 제목은 무엇일까?

선생님께서 책을 몇 페이지 읽어 주셨는데 엄청 재미있었다.

책 제목과 뒷이야기가 너무 궁금했다.

내가 생각하기에 책 제목이 '점박이'일 것 같다. '점박이, 점박이' 히히히.

점박이는 너무 웃겼다.

나는 커서 사서가 되고 싶다. 사서가 되어서 많은 책에 둘러싸여 읽고 싶은

책을 신나게 읽을 것이다. 그리고 재미있는 책을 골라 아이들에게도

많이 읽어줄 것이다. 생각만 해도 재미있고, 기분이 너무 좋다.

다음에는 이 책을 찾아 꼭 읽을 것이다. 정말 제목이 '점박이'가 맞을까?

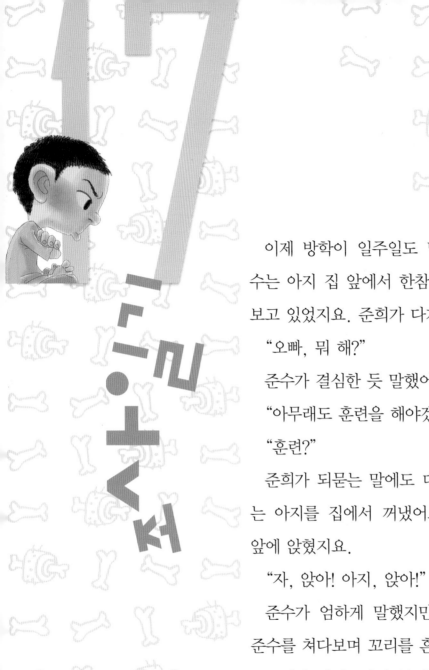

이제 방학이 일주일도 남지 않았어요. 준수는 아지 집 앞에서 한참 동안 아지를 쳐다보고 있었지요. 준희가 다가와 물었어요.

"오빠, 뭐 해?"

준수가 결심한 듯 말했어요.

"아무래도 훈련을 해야겠어."

"훈련?"

준희가 되묻는 말에도 대답하지 않고 준수는 아지를 집에서 꺼냈어요. 그리고 무작정 앞에 앉혔지요.

"자, 앉아! 아지, 앉아!"

준수가 엄하게 말했지만 아지는 멀뚱멀뚱 준수를 쳐다보며 꼬리를 흔들 뿐이었어요.

준희가 다가오더니 물었어요.

"오빠, 아지 무섭게 왜 그래?"

"일기장 사건 잊었어? 다 아지가 훈련이 안된 개이기 때문에 그런 거라고. 훈련을 시켜 놓으면 앞으로 그럴 일 없을 거야."

"정말? 그럼 말 잘 듣게 하는 거야?"

"그래. 아지, 앉아!"

준수는 다시 한 번 엄하게 말했어요. 아지는 주저앉는 듯 하더니 뒷다리로 목덜미만 박박 긁고는 다시 일어났지요. 준희가 준수에게 물었어요.

"그렇게 훈련하는 거 맞아?"

"저번에 텔레비전에서 보니까 이렇게 하면 다 되던데?"

준수는 몇 번이고 '앉아!'를 외쳤어요. 하지만 아지는 귀찮아 할 뿐 아무런 반응도 보이지 않았지요.

준수는 벌떡 일어나더니 컴퓨터 앞에 앉았어요. 그리고 '강아지 훈련시키는 법'을 찾아보았지요. 방법은 다양하고 복잡했어요. 준수는 몇몇 페이지를 인쇄하고 강아지 훈련법이 적힌 책 제목도 적어두었어요. 그때 일기장에서 지니가 나왔어요.

"어라? 생활계획표대로라면 지금 자유 시간 아니야?"

"맞아."

"근데 웬 공부?"

지니의 말에 준수가 대답했어요.

"아지를 훈련시키려고 하는 거야. 더 이상 말썽 안 부리게."

"오, 그거 멋진 생각인데? 이왕이면 나도 알려주라."

"너도?"

"그래. 그래야 무슨 일이 생겼을 때 나도 명령을 할 거 아니야?"

준수는 지니의 말이 맞다는 생각이 들었어요. 준수는 고개를 끄덕이며 말했지요.

"그거 괜찮겠다. 내가 조사한 다음 알려줄게."

"조사일기를 쓰면 되잖아."

"조사일기라고?"

"그래. 조사내용을 꼼꼼히 기록하여 적은 조사일기 말이야."

 가 쓰는 조사일기 ★

8월 15일 일요일   날씨 해, 다음에 먹구름

제목 강아지 훈련법

나는 아지를 훈련을 시키기로 했다.

말썽꾸러기 강아지보다는 내 말 한마디에 척척 움직이는 강아지가

멋질 것 같았다. 나는 인터넷을 찾아봤다.

강아지를 훈련시킬 때에는 목줄을 이용하라고 한다. 그리고 자꾸만

반복하라고 했다. 예를 들어, "앉아"를 시키려면 강아지를 앉히게 하면서

말하는 거다. 그리고 말을 잘 들으면 칭찬을 해주거나 간식을 주는 거다.

나는 조사한 대로 아지를 훈련시켰다. 그런데 아지는 자꾸만 장난만

치려고 했다.

알고 봤더니 훈련시킬 때 가장 중요한 건 너무 훈련만 해서는

안 된다는 것이었다. 자주 놀아줘야 강아지도 주인을 따르는 거라고.

앞으로는 아지랑 자주 놀아줘야겠다. 그리고 열심히 훈련도 시켜야겠다.

조사일기 란 평소에 궁금했던 것을 꼼꼼히 조사한 후 쓰는 일기입니다.

조사일기의 소재★

궁금증 을 풀 수 있는 소재가 좋습니다.

❶ 우리나라의 **국경일** 중 하나가 오늘이라면 어떻게 오늘 같은 날이 탄생하게 되었는지 조사합니다. 책이나 인터넷 등을 통하여 조사한 후 그 내용을 적습니다.

❷ 왜 모든 물건은 바닥으로 떨어지는지, 전화선이 없는데도 휴대전화가 울리는 이유 등 **과학적인 소재**를 조사해 봅니다. 새롭게 안 사실이나 궁금증이 풀린 후 나의 기분에 대해서도 적습니다.

❸ **위인**을 정하여 그 사람이 위인이라고 불리는 이유와 한 일 등에 대해 조사하여 적습니다. 본받고 싶은 점도 함께 적습니다.

❹ 우리 **몸**과 관련된 것을 조사해 봅니다. 감기에 걸리면 왜 콧물이 나고, 방귀는 왜 뀌는지 등을 조사하여 알게 된 내용을 정리하고 조사 방법을 적습니다.

8월 15일 일요일   날씨 맑다가 흐림

제목 광복절이 무엇?

광복절이란다. 그런데 나는 광복절이 무엇인지 몰랐다.

대한민국의 역사가 나온 책을 찾아보니 광복절은 일본의 식민지였던

대한민국이 독립국가가 된 날이라고 써 있었다.

대한민국은 1945년 8월 15일에 광복이 되었다. 그리고 그 날을 광복절

이라고 한 거다.

광복이란 말은 '빛을 되찾다'라는 뜻이다.

일본이 우리나라를 지배할 때에는 빛을 잃었던 거다.

앞으로는 그냥 휴일이라고 좋아하기 전에 무슨 날인지 아는 것도

중요할 것 같다.

4월 27일 화요일   날씨 바람도 불고 따뜻해요

제목 이메일 보내기

인터넷에서 검색해 보니 '이메일이란? 컴퓨터 통신망을 통해 메시지를 전송하는 것으로 전자 우편이라고도 한다.'라고 했다.

체험학습 보고서를 이메일로 넣어야 하는데 처음이란 말이 떨렸다. 이리 저리 검색해 보았지만 어려울 것 같아 아빠에게 도움을 청했다. 아빠는 첨부파일과 이메일 보내는 방법을 알려주셨다. 배운대로 보고서를 첨부하여 이메일로 보냈다. 그런데 이메일이 잘 보내지지 않을까봐 걱정이 되었다. 하지만 신기하고 재미있기도 했다. 나중에 알고 보니 '보낸 메일함'에서 내가 보낸 이메일이 잘 갔는지 확인할 수 있다고 했다. 이제 두려움이 조금은 사라진 것 같다.

6월 5일 금요일   날씨 구름이 하늘을 가렸어요

제목 얼음땡놀이란?

놀이란? 국어사전에서 찾아보니 '노는 일'이었다.

얼음땡에 대해서 소개하면 ① 가위바위보를 해서 술래를 정한다.

② 술래는 천천히 2~5~10을 세고 달린다. 그리고 술래가 아닌 사람은 술래를 피해서 달려간다. 술래가 다가오면 '얼음'을 한다. 돌아다니려면 술래를 피해 '얼음' 안 한 사람이 터치하면서 '땡'이라고 외쳐주면 된다. 만약 모두가 '얼음'을 하면 술래는 빼고 모두 가위바위보를 하고 진 사람이 술래가 된다.

③ 술래에게 잡힌 사람도 술래가 된다.

나는 달리기대장이다. 얼음땡놀이에선 빨리 달리는 것이 가장 중요하다.

오늘은 준수의 생일이에요.

"아들, 생일 축하해! 오늘 아빠 회사 쉰다고 하니까 멋진 곳에 가자고 하자!"

"정말요? 신난다! 어디로 가자고 하지?"

준수는 싱글벙글대며 어디로 갈지 생각해 보았어요. 그때 아빠가 나오더니 말했지요.

"영화촬영소 어때?"

"영화촬영소요?"

준수가 되묻자 아빠가 대답했어요.

"준수 너, 예전에 영화 속에서 전차 나오니까 진짜로 한 번 보고 싶다고 했잖니. 영화촬영소에는 그게 있거든. 마치 장난감 도시 같은 곳이라서 말이야."

"장난감 도시요? 저, 가 볼래요!"

아침밥을 먹은 후 아빠, 엄마, 준희와 함께 집을 나섰어요. 아지는 잠시 근처 동물병원에 맡겨두었지요.

이윽고 영화촬영소에 도착하자 준수는 재빨리 차에서 내렸어요. 그리고 아빠와 함께 매표소에서 표를 샀지요. 마치 영화를 보러 들어가는 것 같았어요.

깜깜한 터널 같은 곳을 지나자 건물들이 있는 골목이 나타났어요. 준수는 자기도 모르게 말했지요.

"우와! 이상한 동네다!"

나무 간판으로 된 건물이 양쪽으로 늘어서 있었어요. 가운데 길에는 버스처럼 생긴 것도 있었지요. 아빠가 손가락으로 가리키며 말했어요.

"저게 바로 전차란다."

준수는 후닥닥 달려가 보았어요. 전차 안에 들어가 보니 지하철처럼 양 쪽에는 앉을 수 있는 긴 의자가 있고 손잡이도 줄줄이 달려있었지요. 앞 창문 쪽에는 조종을 할 수 있는 손잡이도 있었고요.

"진짜로 움직이면 더 좋을 텐데."

준수는 조금 아쉬웠지만 의자에 앉아보기도 하고 손잡이를 잡아보기도 했어요.

다른 곳으로 가보니 기와집이 나왔어요. 나무 대문을 열고 들

어가 보니 마당도 있고, 가짜 우물도 있고, 창호지 문이 달린 방문도 보였지요.

"할머니 집에 온 것 같아요."

준수가 말하자 엄마도 고개를 끄덕였어요.

밖에서 저녁식사까지 마친 준수네는 늦은 저녁이 되어서야 집에 도착했어요. 준수가 방에 들어서자 이미 지니가 밖으로 나와 있었지요.

"어디 갔다 오는 거야? 나 배고픈데."

지니가 투정어린 말투로 말했어요. 준수는 눈을 동그랗게 뜨고 활짝 웃으며 대답했지요.

"오늘 이야기가 꽤 맛날 걸? 엄청 재밌는 곳을 다녀왔거든."

"재밌는 곳을 다녀왔다고? 그럼 오늘 일기는 견학일기네?"

"견학일기? 그래, 맞아! 오늘은 견학일기라고!"

준수는 연필을 집어 들었어요.

 가 쓰는 견학일기★

8월 16일 월요일   날씨 햇볕이 잔뜩 쏟아진 날

제목 영화촬영소를 다녀오다!

내 생일이다. 아빠가 부천에 있는 영화촬영소에 데려가 주셨다.

처음에는 영화촬영소가 뭐 하는 곳인지 몰랐는데 영화를 찍기 위해

만들어 놓은 마을 같은 곳이었다.

예전에 TV에서 보았던 전차도 거기에 있었다.

할머니 집 같은 기와집도 있었는데 할머니 집보다 더 컸다.

그 기와집 마당에는 우물도 있었는데 들여다보니 바닥이 바로 보였다.

난 조금 실망스러웠지만 우물에 있던 두레박을 끌어올려보는 건

재미있었다.

아빠가 다음에는 민속촌도 가 보자고 했다.

그때도 재미있었으면 좋겠다.

견학일기란 박물관이나 미술관 등 볼거리를 전시해 놓은 곳을 다녀왔거나 평소에 경험하지 못했던 곳을 경험하고 돌아온 후 쓰는 일기입니다.

견학일기의 소재★★

다녀온 곳의 특징 과 자신의 느낌 등을 드러낼 수 있는 소재가 좋습니다.

❶ 어떤 것을 전시한 **박물관**을 다녀왔는지 적습니다. 예를 들어, 로봇박물관이라면 로봇박물관에서 어떤 로봇을 봤고, 무엇으로 만든 로봇이었는지 또 로봇을 보며 나는 어떤 생각을 했는지를 적습니다.

❷ **미술관**을 관람하면서 내가 가장 관심있게 본 그림이나 조각을 정하고 떠오르는 생각이나 느낌을 적습니다.

❸ **영화촬영소**로 쓰이는 민속촌이나 실외영화촬영소를 다녀온 후 무엇이 있었으며 어떤 특징이 있는지, 직접 경험한 것은 무엇이었는지 등을 적어봅니다.

❹ 유명한 작가의 **생가나 문학관**을 간다면 어떤 사람이었는지, 어떤 작품을 썼는지를 메모합니다. 후에 일기를 쓸 때에는 그 작가에 대한 책이나 정보 등이 적힌 메모를 보고 일기를 완성합니다.

8월 16일 월요일   날씨 저녁에는 비가 온다더니 덥기만 하다

제목 오남공룡체험전시관에 다녀와서

내가 제일 좋아하는 공룡은 힘이 가장 센 티라노사우루스다.

트리케라톱스도 좋고, 브라키오도 좋다. 난 공룡이라면 다 좋다.

아빠가 우리를 공룡체험전에 데려간다고 하셨을 때

난 "우리 아빠 최고!"하고 아빠에게 달려갔다.

체험관에 도착한 우리는 다시 한 번 놀랐다.

마당에는 실물 크기의 공룡들이 있었다. 난 너무 신이 나서

공룡들 사이를 이리저리 뛰어다니며 놀았다.

'공룡 이름 맞추기 퀴즈'에서는 모두 맞추어 선물도 받았다.

박물관에서만 보던 화석도 만들어 보고 정말 재미있었다.

내가 좋아하는 공룡에 대해 더 많이 알게 된 것 같아 행복한 날이었다.

8월 23일 토요일 날씨 폭염주의보

제목 서대문 자연사 박물관에 가다

엄마 회사에 잠깐 들러서 일을 하고, 엄마랑 동생과 서대문에 있는 자연사 박물관에 갔다. 입체 안경을 쓰고 우주가 생겨난 것과 태양계를 봤다. 눈 앞에서 살아 움직이는 듯 정말 신기했다. 화석이라는 것도 봤다. 화석은 아주 오래 전에 살던 생물의 유해나 흔적이라고 했다. 대부분의 화석은 오랜 세월 동안 땅속에 묻혀 있었기 때문에 돌처럼 단단하다고 엄마가 이야기 해 주셨다. 커다란 공룡들을 모아 놓은 공룡 공원도 있었다. 공룡알 화석은 엄청 신기했다. 똥화석도 있다는 말에 너무 웃겼다. 집으로 오는 길에 누룽지 백숙도 먹고, 운동장에서 뛰어놀기도 했다. 정말 즐거웠다.

8월 14일 토요일 날씨 햇빛이 내 눈쪽으로 온다. 햇빛아 멈춰!!

제목 옹기 박물관과 솔밭공원에 갔어요

옹기를 보았다. 아는 옹기들도 있었다. 책에서 사진으로 본 것들이었다. 떡시루, 맷돌, 다리미 등이었다. 모르는 것도 있었지만 엄마에게 물어보면 요술처럼 팍팍 나왔다. 맷돌, 다리미 등 몇 가지는 만질 수도 있고, 두드릴 수 있어서 해보았다. 모두 사진을 찍었는데 맷돌만 안 찍었다. 박물관 옆의 솔밭공원 놀이터에서 놀았다. 운동기구는 잘 하지는 못하지만 재미있었다.

방학이 이틀 남았어요. 아침 일찍 성호에게 전화가 왔어요.

"준수 너, 일기 다 썼어?"

"물론이지!"

"독후감 숙제는? 문제집 푸는 숙제도 다 했어?"

"당연하지!"

준수는 괜스레 뿌듯한 마음이 들었어요. 그런데 성호가 한숨을 포옥 쉬며 말했어요.

"난 너도 안 했을 줄 알고 같이 도서관 가자고 하려 했는데. 나 아직 독후감 숙제 못했거든."

"내가 같이 가줄까?"

"정말? 그래줄 수 있어?"

성호가 기쁘게 말했어요. 준수는 성호와 어린이도서관 앞에서 만나자고 약속을 한 후 재빨리 밖으로 나갔지요.

어린이도서관 앞에서 만난 성호와 준수는 함께 도서관에 들어가 책을 읽었어요. 성호는 종종 준수에게 책의 줄거리를 물어보기도 했지요. 그러면 준수는 대충 이야기를 해 주고 성호에게 중요한 부분을 알려주었어요. 준수의 도움으로 성호는 해가 지기 전에 독후감을 마칠 수 있었지요.

　"히야, 너 아니었으면 오늘 하루 종일 해도 못했을 텐데. 고맙다!"

　성호가 준수의 등을 탁탁 두드리며 말했어요.

　준수와 성호는 도서관을 나와 천천히 집으로 걸어가고 있었어요. 그런데 갑자기 하늘이 어두워지더니 소나기가 내리기 시작했지요. 둘은 허둥지둥 근처 가게 지붕 안으로 들어갔어요. 하늘은 천둥과 번개가 요란했지요.

　"오늘 하늘이 속이 안 좋은가 보다. 웬 방구를 저렇게 뀌어대나?"

　성호의 말에 준수는 푸핫 웃음을 터뜨렸어요.

　"야, 네 방구도 만만치 않아."

　"아, 그렇지, 참."

성호는 고개를 끄덕이며 킥킥 웃었어요.

하늘은 한참동안 비를 쏟아냈어요. 둘은 슬슬 걱정이 되었지요. 성호가 말했어요.

"비가 안 멎을 것 같다. 우리 그냥 뛰어가자."

"뭐?"

"옷 입고 수영한다고 생각하면 되지, 뭐."

준수는 재미있을 것 같은 생각이 들었어요. 성호와 함께 빗속을 달리기 시작했지요.

준수가 집에 도착하자마자 비는 거짓말처럼 멎었어요. 엄마가 준수를 보고 깜짝 놀라며 수건으로 준수의 몸을 닦아주었어요.

"세상에, 물에 빠졌다 나온 것 같구나."

준수는 굉장히 즐거웠어요. 그래서 지니에게 오늘 있었던 일을 이야기해주었지요. 지니가 깔깔 웃으며 말했어요.

"굉장히 재미있는 친구네. 꼭 만화 주인공 같아. 오늘은 만화 일기로 쓰는 건 어때?"

"만화일기? 그런 게 있어?"

"그럼! 굉장히 재미있는 일기가 나올 것 같은 걸?"

 가 쓰는 만화일기★

8월 21일 토요일　　날씨 쨍쨍하다가 갑자기 소나기가!

제목 빗물 수영장

성호와 어린이도서관에 갔다. 그런데 집으로 돌아오는 길에

소나기가 엄청나게 내렸다. 성호와 나는 그냥 달렸다. 무지 재미있었다.

만화일기 란 그날 있었던 일 중 가장 기억에 남는 일을 만화로 표현해 보는 일기입니다.

만화일기의 소재★

기승전결에 맞춰 사건 을 떠올릴 수 있게 자신 외에 등장할 사람을 한 사람 이상 정하는 게 좋습니다.

❶ **친한 친구**와 있었던 일을 만화로 표현합니다. 간단하면서도 어떤 일이 있었는지 분명하게 드러날 수 있도록 말풍선 등을 사용하여 4컷 만화로 그림을 그립니다.

❷ **애완동물** 때문에 벌어진 일을 만화로 표현합니다. 애완동물의 행동에 내가 어떻게 반응을 했는지 원인과 결과가 모두 드러날 수 있도록 그립니다.

❸ 주변에 있는 **물건** 때문에 일이 생겼다면 그것을 만화로 표현합니다. 예를 들어, 꽃향기를 맡으려고 코를 대는 순간 벌이 날아들어 화들짝 놀라 도망가는 자신의 모습을 4컷 만화로 표현할 수도 있습니다.

❹ 오늘 본 **만화책**의 일부분을 베껴 그려보는 것도 만화일기의 방법 중 하나입니다. 만화에 색을 칠하면 더욱 돋보이게 할 수 있습니다. 동화책의 한 부분을 만화로 표현해 보는 것도 좋습니다.

 가 보여주는 만화일기★*

8월 21일 토요일   날씨 소나기가 더위를 식혀줬다

제목 슛, 슛~ 골인!!

친구들과 농구를 했다.

먼저 준비운동으로 운동장 한 바퀴를 도는데

수민이가 '꽈당' 넘어졌다.

웃기면서도 많이 다치지 않았는지 걱정이 됐다.

편을 나누어 농구를 했다. 팔이 쭉하고 길어져

골대에 공을 쏙 넣으면 좋을텐데. 크크

나에게 공이 왔다. 배운대로 "슛, 슛~ 골인!!!!"

난 너무 신나서 폴짝폴짝 뛰었다.

3점 차이로 우리 편이 이겼다.

6월 6일 일요일   날씨 개미 눈물만큼 비 찔끔!

제목 나쁜 동생

동생과 난 5살 차이인데도 자주 싸운다.

동생이 내 물건을 허락없이 만지기 때문이다.

"민혁아! 누나에게 물어보고 만지면 안 되니? 내 허락 좀 받아라!"

동생은 내 물건을 함부로 만진다.

동생이 마구 소리를 지른다.

내가 뺏었더니 동생이 울었다.

결국은 동생이 가져가 버렸다.

내일이면 드디어 개학이에요. 준수는 미리 준비물도 챙겨놓고 숙제도 다시 한 번 검토해 보았지요. 맨 처음 만들었던 생활계획표를 보며 지니와 처음 만났던 때를 기억했어요. 준수는 일기장을 앞에서부터 넘겨보며 중얼거렸지요.

"처음에는 일기 쓰기 싫었는데, 이제는 정말 재미있어! 이게 다 지니 덕분이지."

준수는 혼자서 킥킥 웃었어요. 그러다 멈칫 했지요.

"어라? 공책을 다 썼네? 마지막 장밖에 안 남았어!"

준수는 갑자기 걱정이 되었어요.

'지니를 못 보게 되면 어쩌지?'

준수는 가슴이 두근거렸어요. 바로 그때, 지니가 일기장 속에서 나왔지요. 지니가 준수를 보고 웃으며 말했어요.

"이제 마지막이네?"

준수는 깜짝 놀라 지니를 바라보았어요.

"이제 널 못 만나는 거야?"

그러자 지니는 눈을 동그랗게 뜨고 고개를 설레설레 저으며 말했지요.

"아니야, 그렇지는 않아. 나는 또 다른 일기장으로 가서 살면 돼. 난 일기장 속 이야기를 먹고 사는 '일기장의 지니'잖아?"

그제야 준수는 가슴을 쓸어내리며 말했어요.

"정말 다행이다. 난 너와 헤어져야하는 줄 알았어."

"다음에 네 동생 준희가 일기 쓰기를 힘들어하면 이 일기장을 보여주도록 해. 그러면 많은 도움이 될 수 있을 거야."

"응."

준수는 다짐하듯 대답했어요. 지니가 말했어요.

"마지막 일기는 편지일기 어때?"

"편지일기라고?"

"그래. 편지일기 말이야!"

준수는 잠시 생각에 잠겼다가 말했어요.

"좋아. 대신 이번에는 나 혼자서 써 볼래."

"정말? 혼자 쓸 수 있겠어?"

"그럼!"

준수는 그렇게 대답해놓고도 조금 걱정이 되었어요.

'내가 지니의 도움 없이 잘 쓸 수 있을까?'

준수는 다시 용기를 내어 중얼거렸지요.

"이제 난 일기라면 문제없는 걸?"

준수는 천천히 일기를 써내려가기 시작했어요.

편지일기를 말이지요.

 가 쓰는 편지일기★

8월 22일 일요일   날씨 이제 조금 시원해지려나? 바람이 분다

제목 할머니께

할머니, 안녕하세요? 저 준수예요.

오늘 엄마랑 마트에 갔다가 할머니 생각이 났어요.

상추랑 오이가 많았거든요.

근데 할머니 집 근처 주말 농장에 있는 게 훨씬 싱싱하고 맛있어요.

방학동안 주말 농장에도 가고 할머니도 뵙고, 즐거웠어요.

이제 개학이에요. 학교에서 공부도 열심히 하고, 주말 농장도 잊지 않고

갈게요. 주말에 또 뵐게요.

안녕히계세요. 사랑해요!

사랑하는 손자 준수 올림

편지일기 란 그리운 사람이나 좋아하는 사람에게 편지 식으로 쓰는 일기입니다.

편지일기의 소재 ★

편지를 받는 사람에게 하고 싶었던 말 이나 바라던 말 을 쓰는 것이므로 받는 사람을 정하는 게 좋습니다.

❶ 방학 동안이라면 **선생님**을 보지 못한 기간이 꽤 길기 때문에 안부를 묻는 형식의 편지일기를 쓸 수 있습니다. 자신의 안부도 알려주면서 방학동안 있었던 일이나 선생님에 대한 자신의 마음도 표현해 봅니다.

❷ **동화책**을 읽고 난 후 감동을 받았다면 그 **주인공**에게 편지를 써봅니다. '나라면 이렇게 했을 텐데'라는 자신의 생각도 곁들여서 직접 만나고 싶은 그리운 마음도 전해 봅니다.

❸ 텔레비전 속 **연예인**에게 직접 편지를 쓰는 것처럼 일기를 씁니다. 나는 누구인지, 왜 그 연예인을 좋아하게 되었는지 자신의 마음을 전달합니다.

❹ 어버이날이나 **부모님**의 생신 날 쓰는 편지처럼 고마움과 미안함을 전달해 봅니다. 앞으로는 어떤 자식이 될 것인지에 대한 이야기도 씁니다. 편지일기의 내용을 진짜 편지지에 담아 우편이나 이메일로 보내는 것도 좋은 방법입니다.

8월 22일 일요일   날씨 누가 선풍기 틀었나? 바람이 솔솔

제목 말괄량이 삐삐에게

삐삐야 안녕? 나는 ○○초등학교에 다니는 이유정이라고 해.

삐삐 너의 이야기를 봤는데 넌 용기가 굉장한 것 같아.

혼자서 살면서도 씩씩하고 밝으니까.

나는 어두운 게 싫어서 혼자 자는 것도 무서운데.

하지만 이제부터는 혼자서도 무엇이든 잘해보려고 해.

나도 너처럼 상상력을 발휘해서 어둠이 무서운 게 아니라

무슨 마법이 일어날지도 모르는 것이라고 생각해보기로 했거든.

그랬더니 별로 안 무섭더라?

너 같은 친구가 있어서 기뻐. 앞으로도 종종 책에서 만나자!

유정이가

6월 9일 수요일   날씨 햇빛은 쨍쨍 바람은 쌩쌩

제목 도자기액자를 구워주신 분께

도자기액자를 구워주신 분께

안녕하세요. 현장 학습으로 도자기 마을에 다녀왔던 오지민이라고 합니다.

현장 학습을 다녀온 후 도자기액자가 '언제 오지?' 하고 많이 기다렸습니다.

그런데 오늘 액자가 도착했습니다. 액자를 보는 순간 너무나 기뻤습니다.

제가 너무 많이 기다리기도 했지만, 액자를 보니 제가 표현했던 개구리가

잘 나왔고, 딱 제 스타일이어서 더욱 그랬습니다.

액자 예쁘게 구워주시고, 잘 챙겨주셔서 감사합니다.

현장 학습을 다녀온 지민 올림

3월 13일 금요일   날씨 달팽이가 나와요. 비오는 날이에요

제목 누워있는 피카소를 읽고

윤석인 수녀님께

안녕하세요. 저는 박선하라고 합니다.

수녀님의 『누워있는 피카소』를 읽고 감동을 받아 편지를 쓰게 되었습니다.

제가 10살인데, 수녀님께서는 저와 같은 나이에 장애인이 되셨다고 하셔서

너무 안쓰러웠습니다. 하지만 수녀님께선 장애란 그저 조금 불편한 것이라며

그림에 열중하시는 모습이 정말 멋졌습니다.

수녀님 책을 읽으며 짜증만 부리고, 공부에 집중하지 못했던 것을 반성했습니다.

윤석인 수녀님! 저희들에게 꿈과 희망을 주셔서 감사합니다. 항상 건강하세요.

박선하 올림

나, 오늘 일기 뭐 써!

초판 19쇄 2021년 3월 3일
초판 1쇄 2010년 7월 15일

글 정설아 | 그림 마정원

펴낸이 정태선
펴낸곳 파란정원(자매사 책먹는아이)
출판등록 제395-2010-000070호
주소 서울시 서대문구 모래내로 464 2층(홍제동)
전화 02-6925-1628 | **팩스** 02-723-1629
제조국 대한민국 | **사용연령** 8세 이상 어린이
홈페이지 www.bluegarden.kr | **전자우편** eatingbooks@naver.com
종이 다올페이퍼 | **인쇄** 조일문화인쇄사 | **제본** 선명

글ⓒ정설아 2020
ISBN 978-89-963570-6-3 63710